AF645410

Claudia Laermann

Sommerliche MODE aus leichten Garnen stricken

Tops, Pullis, Cardigans & Accessoires

CV

Inhalt

Vorwort .... 6 - 7

PERFEKTER START IN EINEN NEUEN TAG

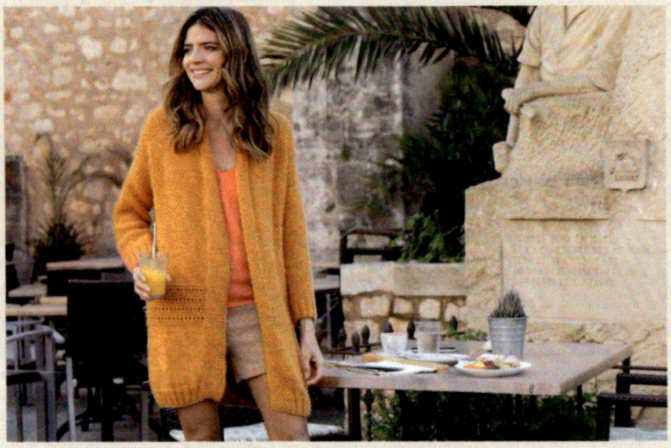

Langer offener Cardigan .... 10 - 15
Sommerliches Trägertop .... 16 - 21
Bequeme Lieblingsshorts .... 22 - 25

VORMITTAGS AUF DEM MARKT

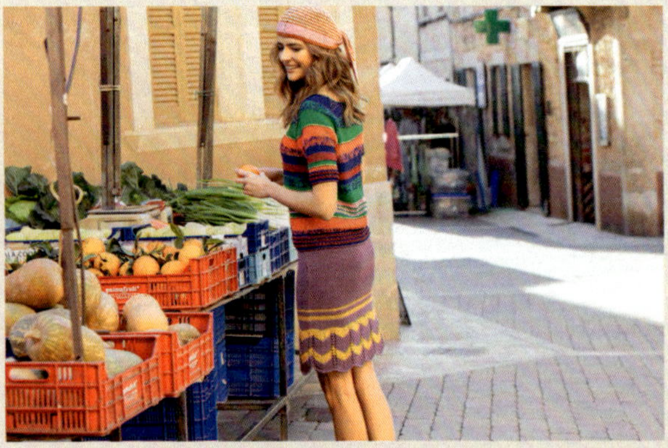

Topdown Streifenpulli .... 28 - 33
Lässiger Bandana Look .... 34 - 37
Schmaler Bordürenrock .... 38 - 41
Frischer Blattmuster-Pulli .... 42 - 49

LÄSSIGER STADTBUMMEL

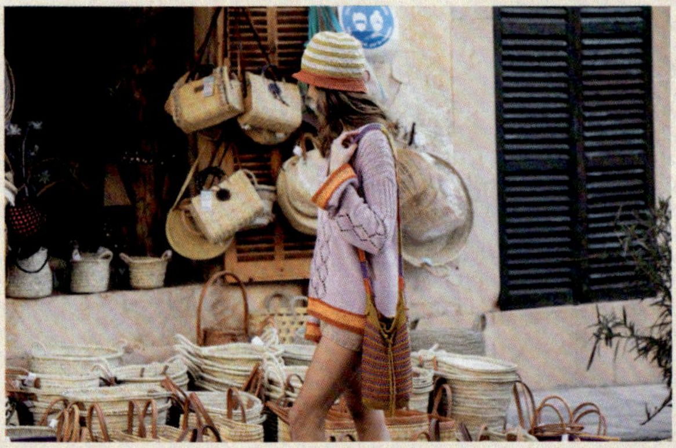

Luftiger Pullover .... 52 - 57
Gestreifter Sommerhut .... 58 - 63
Bunte Bucket Bag .... 64 - 69

EIN NACHMITTAG AM MEER

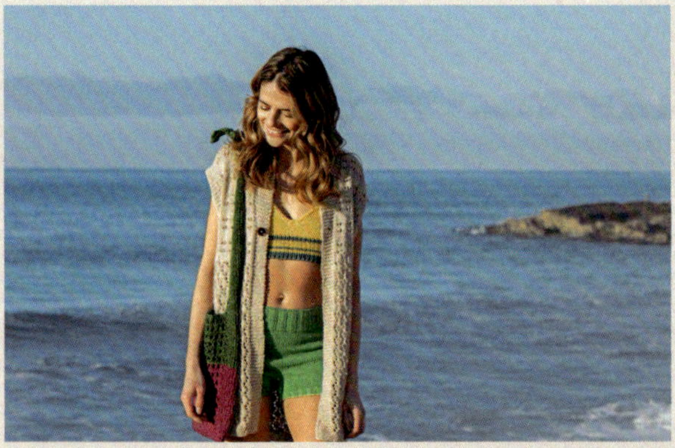

Weste mit Lochmuster .... 72 - 77
Sommersonnen-Bikini-Top .... 78 - 81
Kurzer Sonnen-Shorty .... 82 - 85
»Alles dabei« Beuteltasche .... 86 - 89
Poncho im luftigen Mustermix .... 90 - 95
Leichter Kaftan mit Schlitz .... 96 - 101

EIN SOMMERABEND AUF DEM LAND

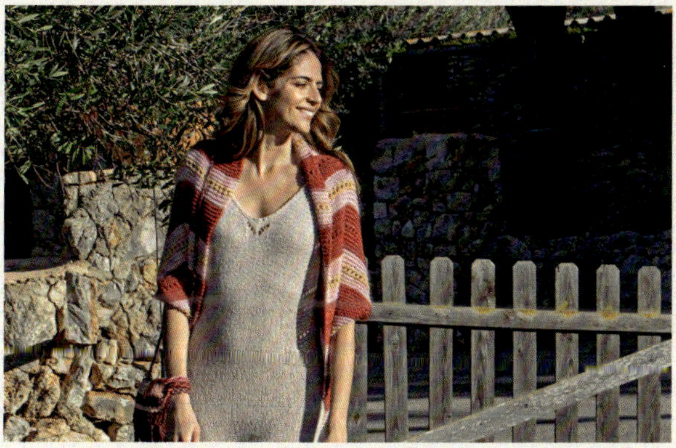

Bodenlanges Sommerkleid .... 104 - 109

Raffinierter Streifenponcho .... 110 - 113

Kleine Fransentasche .... 114 - 115

Fröhliche Strickschnur-Ketten .... 116 - 117

Längsgestreiftes Sonnentop .... 118 - 121

Gut zu wissen .... 122 - 123

Danke! 124

Impressum 126

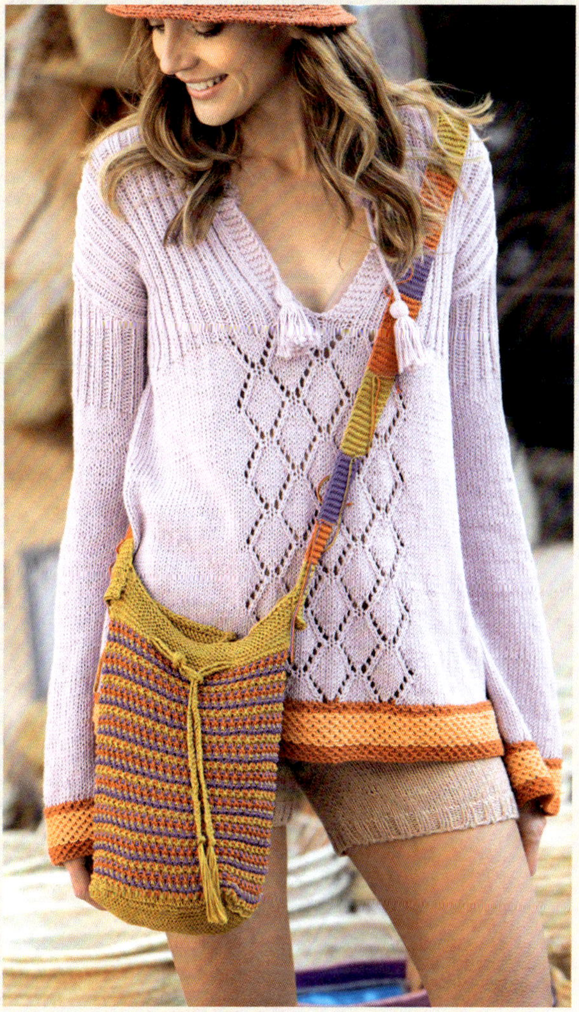

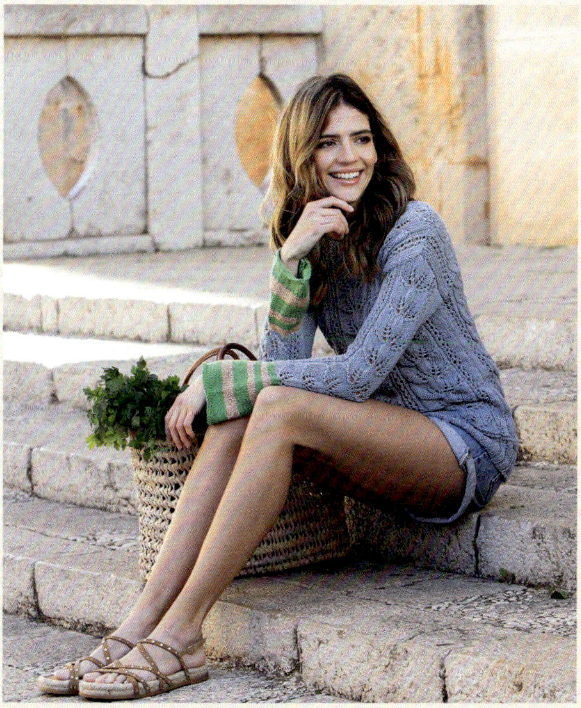

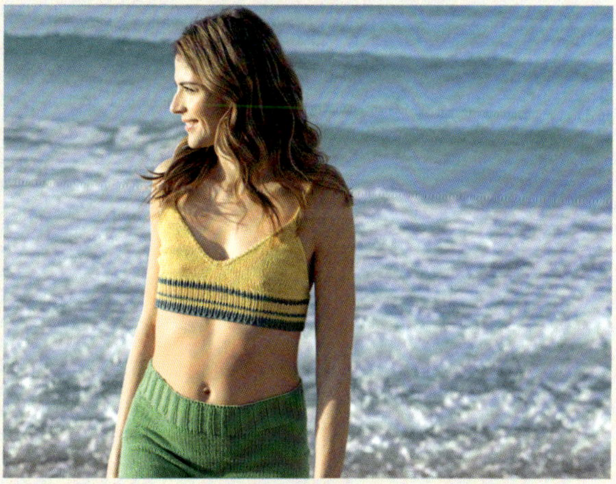

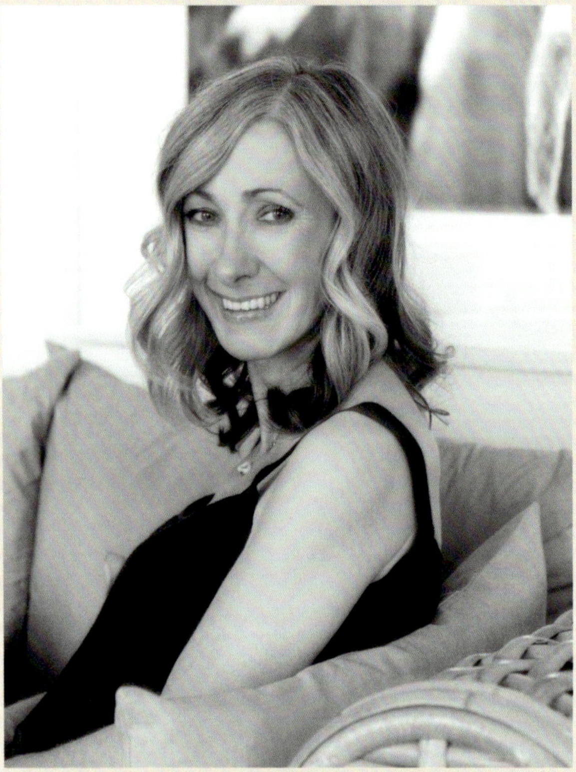

Claudia Laermann studierte Mode-Design in Hamburg. Nach ihrem Studium arbeitete sie zunächst bei Jil Sander und war dort viele Jahre verantwortlich für Design und Garnauswahl der Strickkollektion. Später machte sie sich mit einer eigenen Strickkollektion selbstständig, arbeitet seither als freiberufliche Designerin für nationale und internationale Mode-Labels und entwirft außerdem seit einigen Jahren Strick- und Häkelmodelle für Verlage und Garnhersteller. Die Leidenschaft für das Handstricken hat als Teenager ihren Berufswunsch geprägt und sie seither begleitet.

Sommer ...

...das klingt nach blauem Himmel, Licht, Leichtigkeit - nach einem Leben, das draußen stattfindet und nach Meer, Sonne, Sand, Ferien und Eiscreme riecht.

Meine Inspiration und mein großer Wunsch ist es, mit diesem Buch einen perfekten Sommertag zu zeichnen, der mit dem ersten Kaffee beginnt und erst lange nach Sonnenuntergang endet, mit Outfits, die zu jeder sommerlichen Gelegenheit passen und Farben, die gute Laune machen! Und Glück und Lebensfreude versprühen!

Jeder Look beinhaltet Modelle, die sich vielfältig kombinieren lassen – der offene Cardigan mit einem Sommerkleid, das Trägertop mit der Jeans, das Streifenoberteil mit einem schmalen Rock, der Poncho, den man überwerfen kann, wenn es kühl wird, und Taschen hat man ja bekanntlich nie genug.

Im Buch finden Sie kleinere und größere Projekte. Ringelhut, Bandana oder Fransentasche lassen sich wunderbar auf dem Balkon oder im Strandkorb stricken. Die Garne für alle Modelle sind kühl und daher auch bei sommerlichen Temperaturen angenehm zu verarbeiten.

Die Leichtigkeit, die Muße und das Licht eines Sommertages verführen und inspirieren dazu, zu experimentieren und etwas Neues auszuprobieren: eine neue Farbe, einen neuen Stil oder auch ein neues Hobby.

Ich hoffe, Sie, liebe Leser*innen, ebenfalls zu inspirieren, Ihre Lieblingsmodelle, -farben und -techniken in diesem Buch zu entdecken und damit Ihren eigenen, perfekten, bestrickenden Sommertag zu gestalten.

Viel Freude dabei!

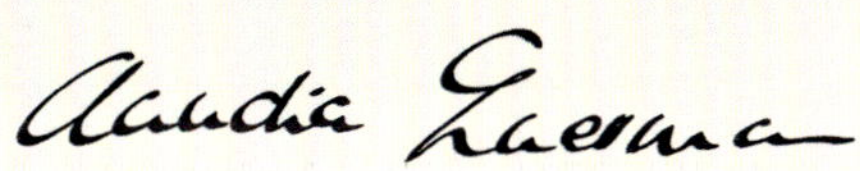

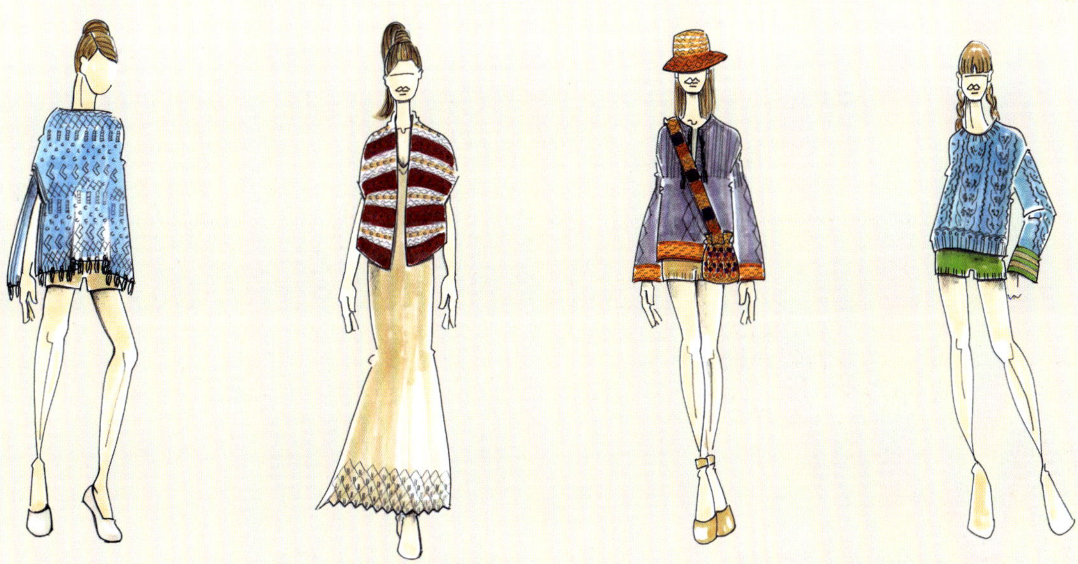

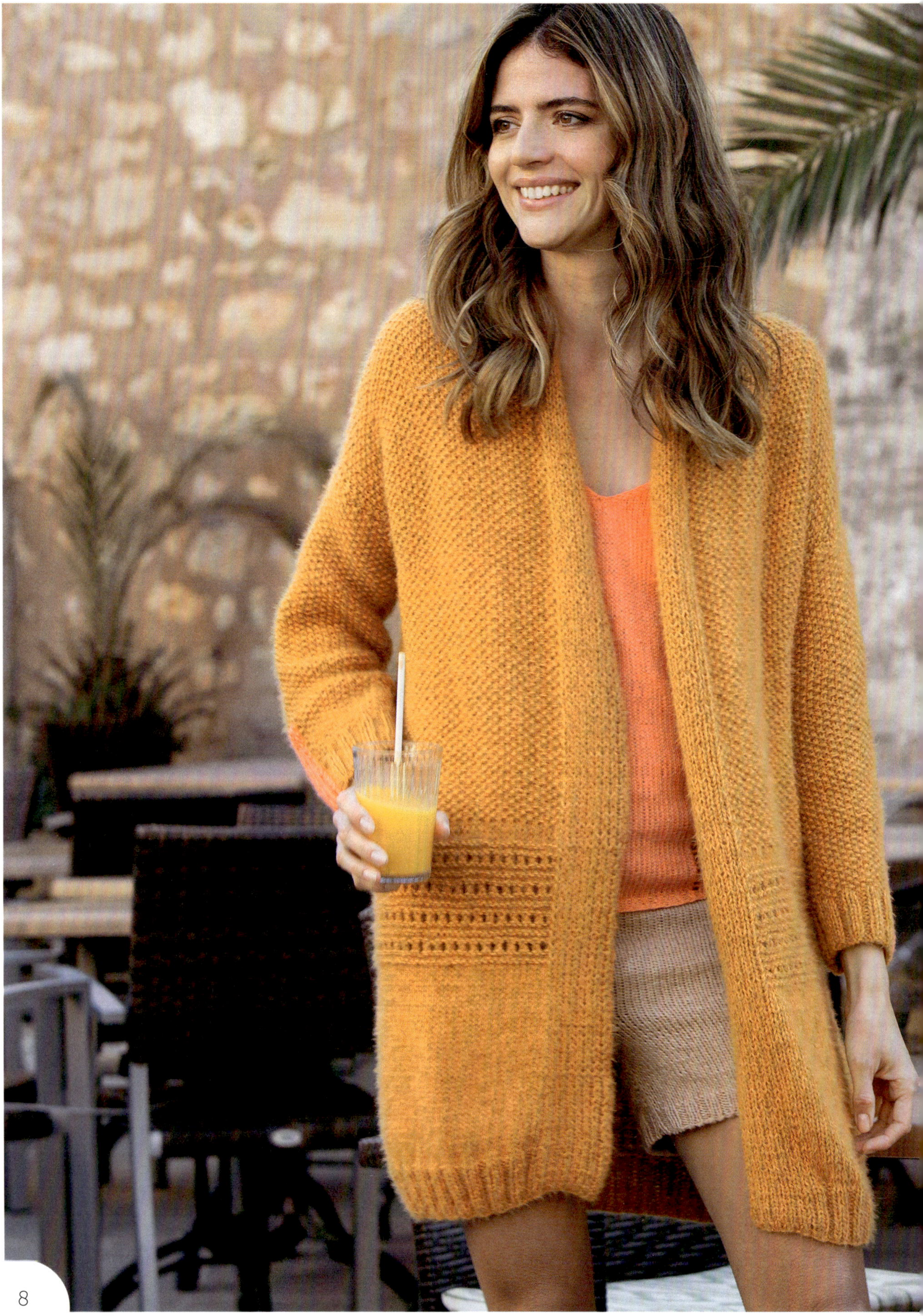

Perfekter Start in einen neuen Tag...

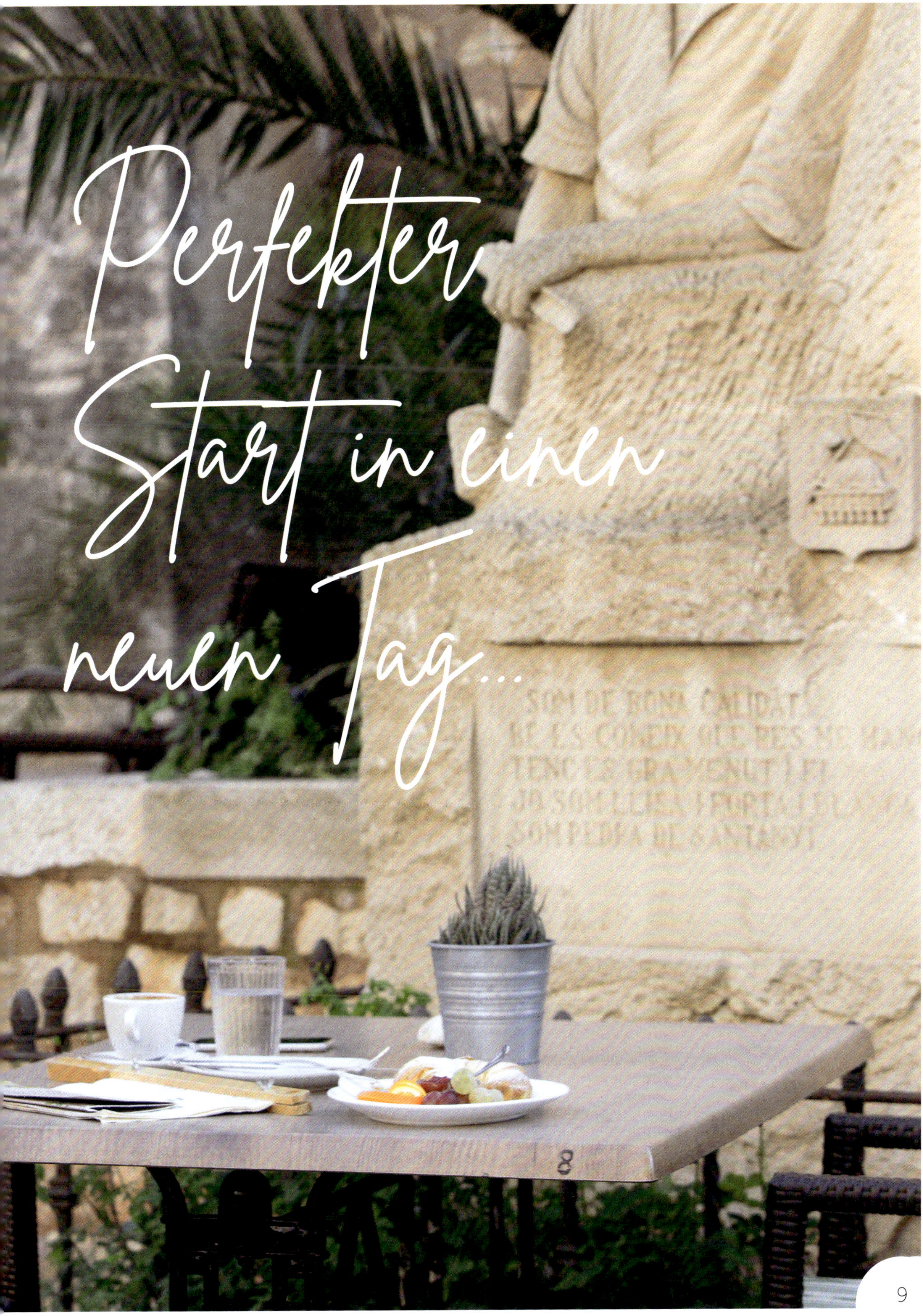

Langer offener Cardigan

36/38 – 40/42 – 44

Die Angaben für die kleinste Größe stehen vor der Klammer, die für die beiden größeren Größen aufsteigend und von einem / getrennt in den Klammern. Wird nur eine Angabe gemacht, gilt diese für alle Größen.

MATERIAL

Per Fortuna (74 % Baumwolle, 26 % Polyamid, LL = 190 m/50 g) von Lana Grossa: 400 (450/450) g Orange (Fb 11) und Ecopuno (72 % Baumwolle, 17 % Schurwolle, 11 % Alpaka, LL = 215 m/50 g) von Lana Grossa: 350 (400/450) g Gelborange (Fb 33), 50 g Leuchtendorange (Fb 51); Stricknadeln in 5,5 mm und 6 mm.

GRUNDMUSTER

Glatt rechts: In Hinreihen rechte Maschen, in Rückreihen linke Maschen stricken.
Kraus rechts: In Hin- und Rückreihen rechte Maschen stricken.
Perlmuster: 1 Masche rechts, 1 Masche links im Wechsel; in den folgenden Reihen die rechten Maschen links und die linken Maschen rechts stricken.
Rippenmuster: 2 Maschen recht, 2 Maschen links im Wechsel stricken. Die Anleitung beschreibt, wie die Maschen in der Reihe genau verteilt werden. In den Rückreihen die Maschen stricken, wie sie erscheinen.

BESONDERE MUSTER UND MASCHEN

Lochmuster:
ungerade Maschenzahl
1. – 4. Reihe: Alle Maschen kraus rechts stricken.
5. Reihe: 2 Masche rechts, * 1 Umschlag, 2 Maschen rechts zusammenstricken; ab * stets wiederholen, 1 Masche rechts.
6. Reihe: Alle Maschen rechts stricken.
Die 1. – 6. Reihe insgesamt 4x arbeiten, dann noch 2 Reihen kraus rechts stricken = 26 Reihen.

Motivmuster:
Mit 2 Fäden in Leuchtendorange arbeiten. Ränder und Randm werden in der Anleitung beschrieben.
In Hinreihen: * 1 Masche rechts verschränkt, 1 Masche links; ab * stets wiederholen.
In Rückreihen: * 1 Masche rechts, 1 Masche links verschränkt; ab * stets wiederholen.

Blendenmuster:
In den Hinreihen: 1 Masche rechts, 1 Masche mit dem Faden vor der Nadel abheben im Wechsel arbeiten.
In den Rückreihen: 1 Masche links, 1 Masche rechts im Wechsel arbeiten. Es werden keine weiteren Randmaschen gearbeitet.

MASCHENPROBE

10 cm hoch und 10 cm breit sind **glatt rechts** (6 mm): 16 Maschen und 26 Reihen; im **Perlmuster** (6 mm): 16 Maschen und 32 Reihen; im **Lochmuster** (6 mm): 16 Maschen und 34 Reihen; im **Blendenmuster** (6 mm): 34 Maschen und 32 Reihen; im **Rippenmuster** (5,5 mm): 20 Maschen und 26 Reihen.

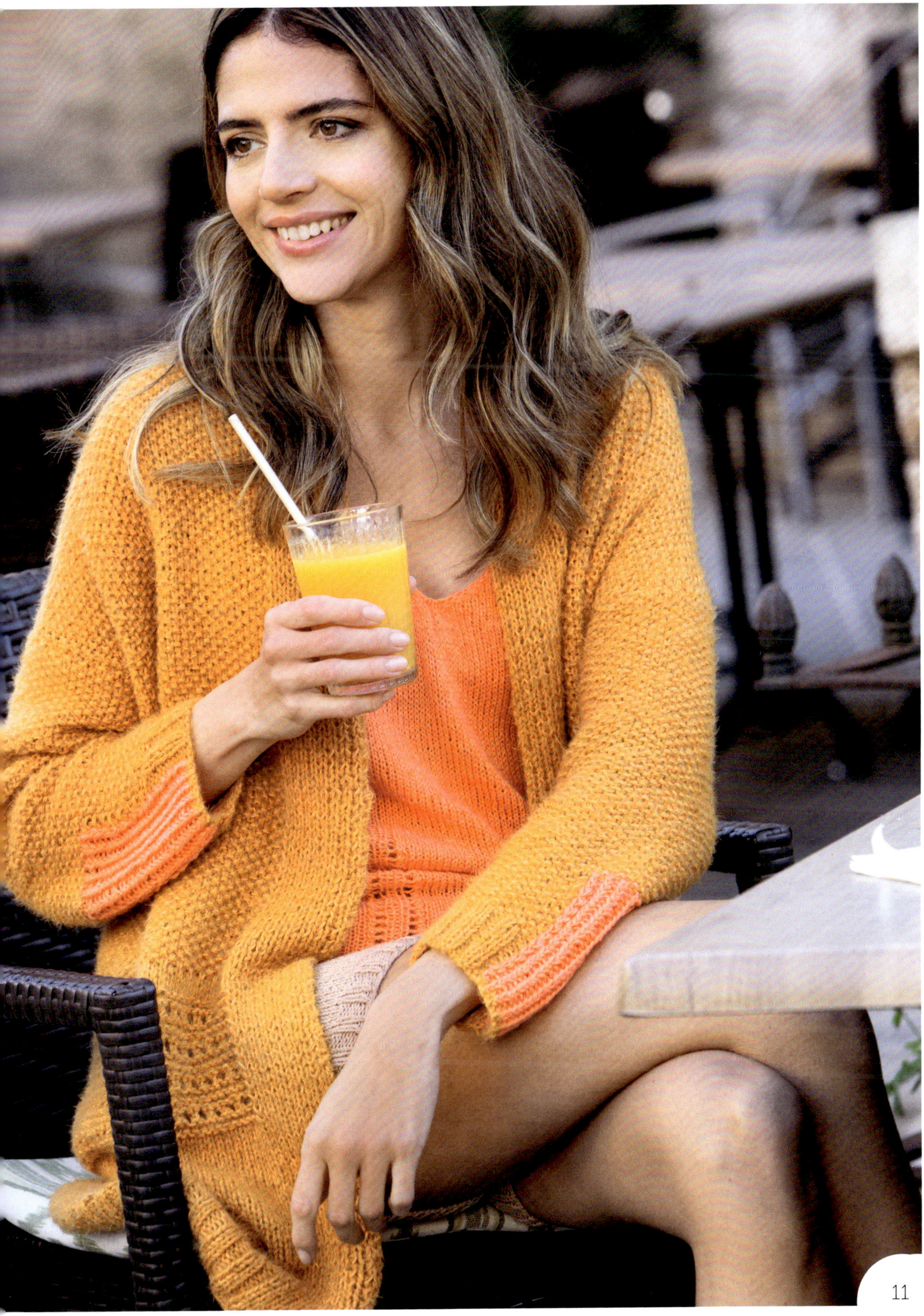

ANLEITUNG

Alle Teile stets 2-fädig in den angegebenen Farben arbeiten.

Für das **Rückenteil** mit der dünneren Nadel und je 1 Faden in Orange und Gelborange 88 (96/104) Maschen anschlagen und 5 cm im Rippenmuster arbeiten (Randm, 2 Maschen rechts, 2 Maschen links im Wechsel, mit 2 Maschen rechts enden, Randm).
Zur dickeren Nadel wechseln und 44 Reihen = 17 cm glatt rechts weiterarbeiten, dabei in der ersten Reihe 1 Masche zunehmen = 89 (97/105) Maschen. Dann 26 Reihen = 8 cm im Lochmuster und 30 cm ab Anschlag. Noch 6 Reihen = 2 cm glatt rechts stricken, dann im Perlmuster weiterarbeiten.
In einer Höhe von 72 (73/74) cm ab Anschlag für die Schulterschrägen beidseitig in jeder 2. Reihe 3x 10 Maschen (3x 11 Maschen/ 3x 12 Maschen) abketten = 29 (31/33) Maschen.

In 74 (75/76) cm Höhe ab Anschlag für den rückwärtigen Halsausschnitt die verbliebenden mittleren 29 (31/33) Maschen abketten.

Für das **rechte Vorderteil** mit der dünneren Nadel und je 1 Faden in Orange und Gelborange 62 (66/70) Maschen anschlagen und in der 1. Reihe (= Hinreihe) die Maschen wie folgt einteilen: 17 Maschen im Blendenmuster, 44 (48/52) Maschen im Rippenmuster (mit 2 Maschen links beginnen, dann 2 Maschen rechts, 2 Maschen links im Wechsel stricken), 1 Randm. Nach 5 cm Rippenmuster wie folgt mit der dickeren Nadel weiterarbeiten: 17 Maschen im Blendenmuster, 44 (48/52) Maschen in der Musterfolge wie beim Rückenteil (= 44 Reihen glatt rechts, 26 Reihen Lochmuster, 6 Reihen glatt rechts stricken, dann im Perlmuster weiterarbeiten), 1 Randm.

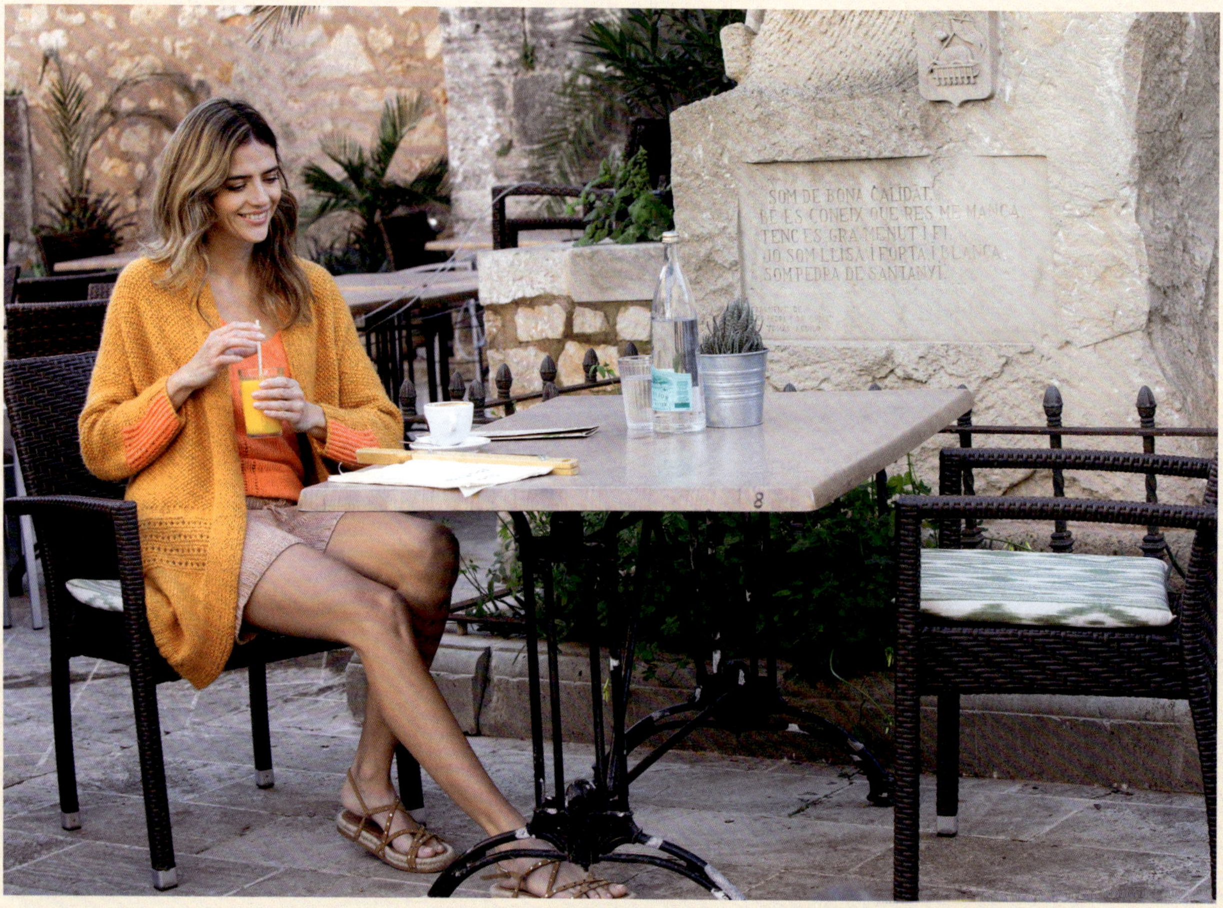

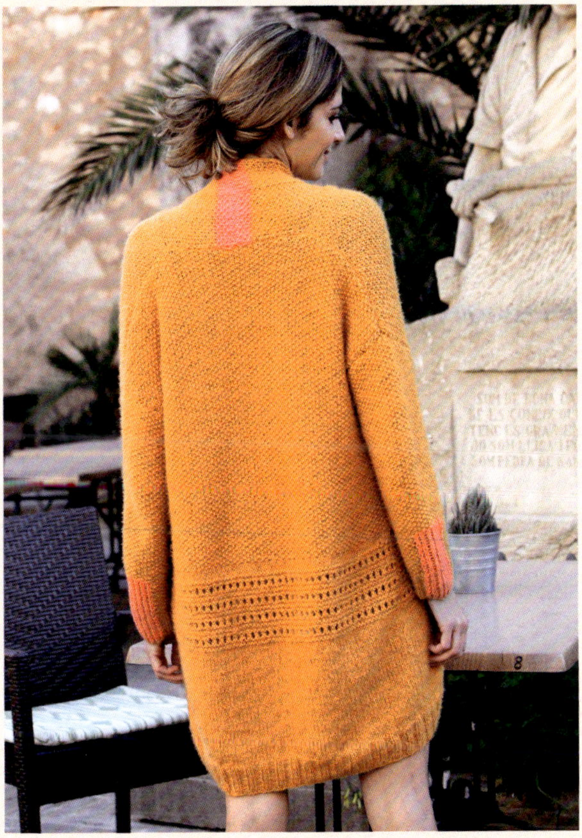

In einer Höhe von 72 (73/74) cm ab Anschlag für die Schulterschrägen am linken Rand in jeder 2. Reihe 3x 10 Maschen (3x 11 Maschen / 3x 12 Maschen) abketten = 32 (33/34) Maschen.

Für den Kragen in der folgenden Hinreihe die Maschen wie folgt einteilen: 17 Blendenmaschen, 14 (15/16) Maschen im Perlmuster, 1 Randm. 9 (9,5/10) cm in der Mustereinteilung gerade hoch, dann noch 2 cm 2-fädig mit Leuchtendorange in derselben Mustereinteilung arbeiten. Nach 9 (9,5/10) cm Kragenhöhe ab Schulter die Maschen stilllegen.

Das **linke Vorderteil** gegengleich arbeiten.

Für den **Ärmel** mit der dünneren Nadel und je 1 Faden Orange und Gelborange 49 Maschen anschlagen, 1 Rückreihe links stricken, in der folgenden Hinreihe die Maschen wie folgt einteilen: Randm, 16 Maschen im Rippenmuster, 15 Maschen 2- fädig in Leuchtendorange: * 1 Masche rechts verschränkt, 1 Masche links; ab * wiederholen, 1 Masche rechts verschränkt, dann wieder mit 1 Faden Orange und Gelborange: 16 M im Rippenmuster beginnend mit 2 Maschen links, Randm. Beim Farbwechsel die Fäden auf der Rückseite der Arbeit verkreuzen.

In 5 cm Höhe zur dickeren Nadel wechseln, in Orange und Gelborange im Perlmuster stricken und die mittleren 15 Maschen im Motivmuster in Orange arbeiten.

Für die Armschrägen 5x in jeder 16. Reihe (6x in jeder 14. Reihe/7x in jeder 12. Reihe) beidseitig je 1 Masche zunehmen und ins Perlmuster integrieren, dabei gleichzeitig das Motiv in der Ärmelmitte nach ca. 12 cm beenden und nun auch die mittleren 15 Maschen im Perlmuster in Orange und Gelborange arbeiten, dabei in der 1. Reihe nach Ende des Motivmusters 1 Masche in der Mitte zunehmen, sodass sich das Perlmuster perfekt in das Muster der beiden Seiten einfügt = 60 (62/64) Maschen. In 35 cm ab Anschlag alle Maschen locker abketten. ▶

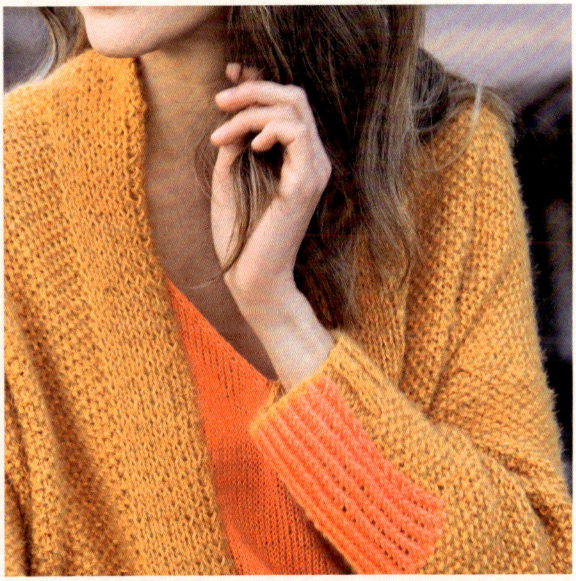

AUSARBEITUNG

Die Schulternähte schließen. Die stillgelegten Maschen beider Kragen im Maschenstich mit Leuchtendorange schließen, dann jeweils den eben geschlossenen Kragen mit dem inneren Strickrand an den rückwärtigen Halsausschnitt nähen. Die Ärmel einsetzen, dann die Ärmel- und Seitennähte schließen.

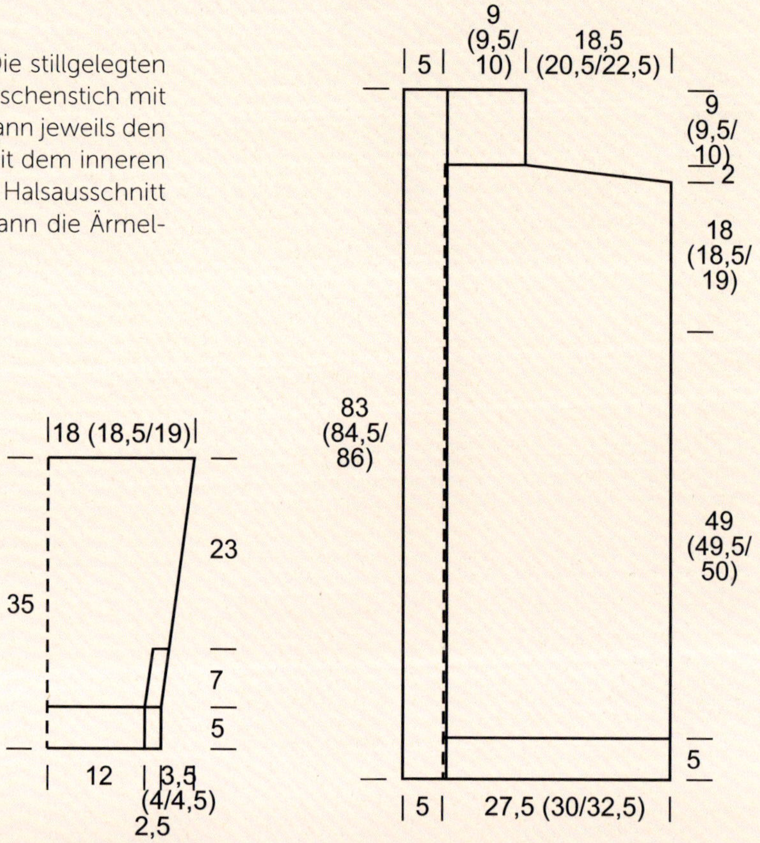

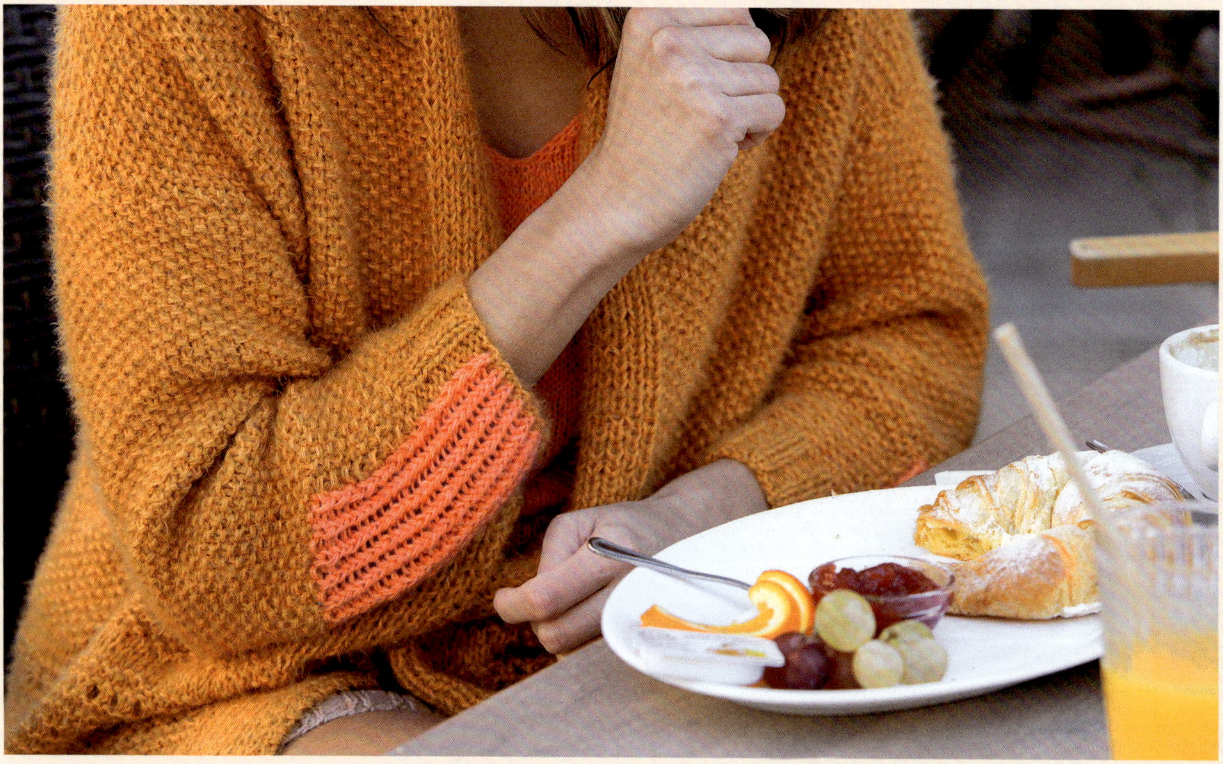

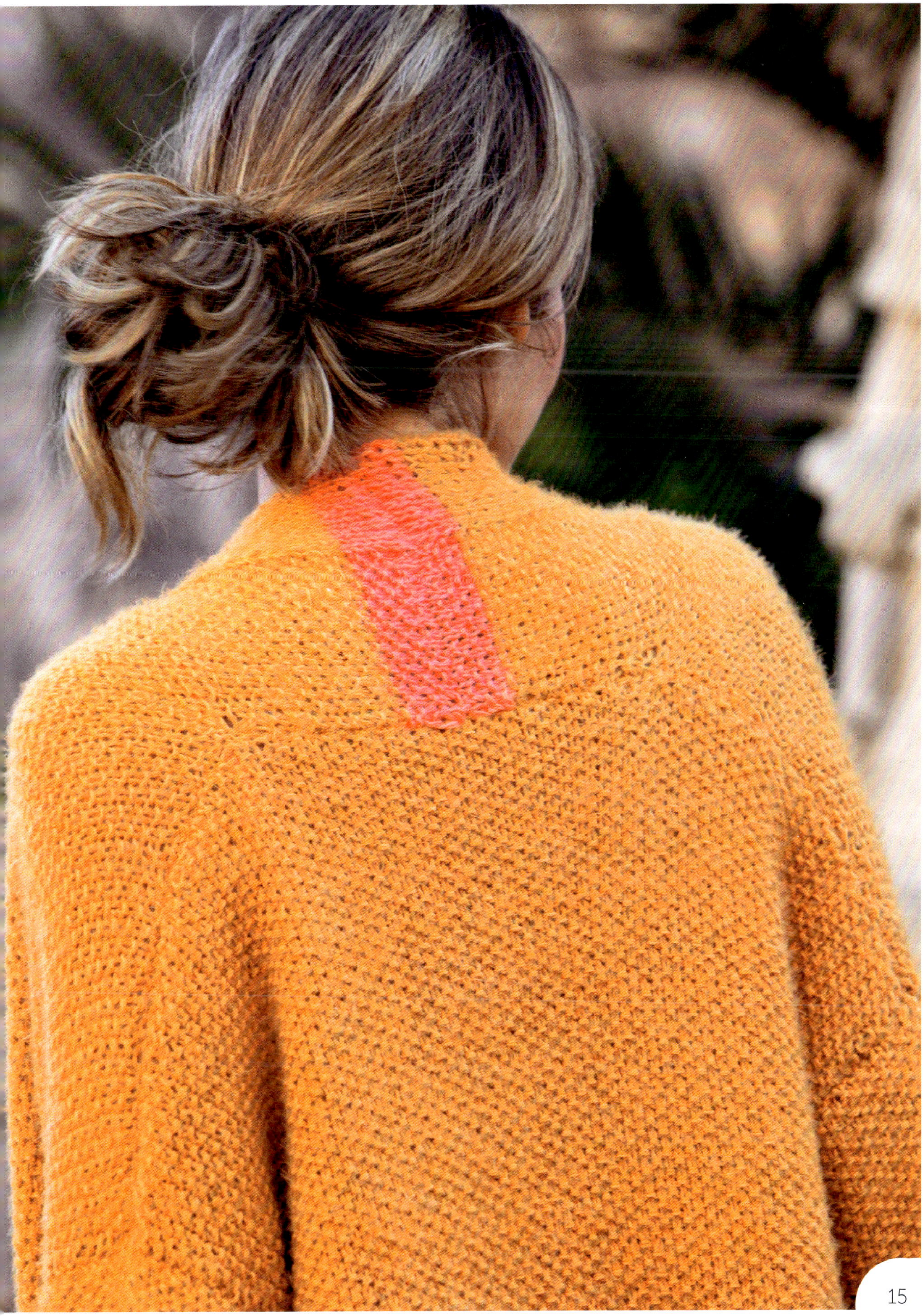

Sommerliches Trägertop

34/36 – 38/40 – 42/44

Die Angaben für die kleinste Größe stehen vor der Klammer, die für die beiden größeren Größen aufsteigend und von einem / getrennt in den Klammern. Wird nur eine Angabe gemacht, gilt diese für alle Größen.

MATERIAL

Ecopuno (72 % Baumwolle, 17 % Schurwolle, 11 % Baby Alpaca, LL = 215 m/50 g) von Lana Grossa: 150 (200/250) g Leuchtorange (Fb 51); Rundstricknadel in 4 mm, 60 cm oder 80 cm lang; 2 Nadelspielnadeln in 3,5 - 4 mm; 2 Maschenmarkierer.

GRUNDMUSTER

Glatt rechts in Reihen: In Hinreihen rechte Maschen, in Rückreihen linke Maschen stricken.

Bündchenmuster in Runden: 1 Masche rechts, 1 Masche links im Wechsel stricken. In allen folgenden Runden die Maschen stricken, wie sie erscheinen.

BESONDERE MUSTER UND MASCHEN

Lochmusterstreifen über 7 Maschen:
Ränder werden in der Anleitung beschrieben.
In den ungeraden Runden 2 Maschen rechts zusammenstricken, 1 Umschlag, 1 Masche rechts, 1 Masche links, 1 Masche rechts, 1 Umschlag, 1 Überzug (= 1 Masche wie zum Rechtsstricken abheben, 1 Masche rechts stricken, dann die abgehobene Masche überziehen).
In den geraden Runden die Maschen stricken, wie sie erscheinen, Umschläge rechts stricken.

Halsausschnitt-Abnahmen der rechten Vorderteilhälfte:
In den ungeraden Runden 1 Masche rechts stricken, 1 Masche mit dem Faden vor der Arbeit abheben, 1 Überzug, alle übrigen Maschen im Muster stricken.
In den geraden Runden bis zu den letzten 2 Maschen im Muster, 1 Masche rechts stricken, 1 Masche mit dem Faden vor der Arbeit abheben.

Halsausschnitt-Abnahmen der linken Vorderteilhälfte:
In den Hinreihen bis zu den letzten 4 Maschen im Muster stricken, 2 Maschen rechts zusammenstricken, 1 Masche mit dem Faden vor der Arbeit abheben, 1 Masche rechts stricken.
In den Rückreihen 1 Masche mit dem Faden vor der Arbeit abheben, 1 Masche rechts stricken, alle übrigen Maschen im Muster stricken.

MM abheben:
Den Maschenmarkierer von der linken auf die rechte Nadel heben.

MASCHENPROBE

10 cm hoch und 10 cm breit sind **glatt rechts:** 22 Maschen und 34 Reihen.

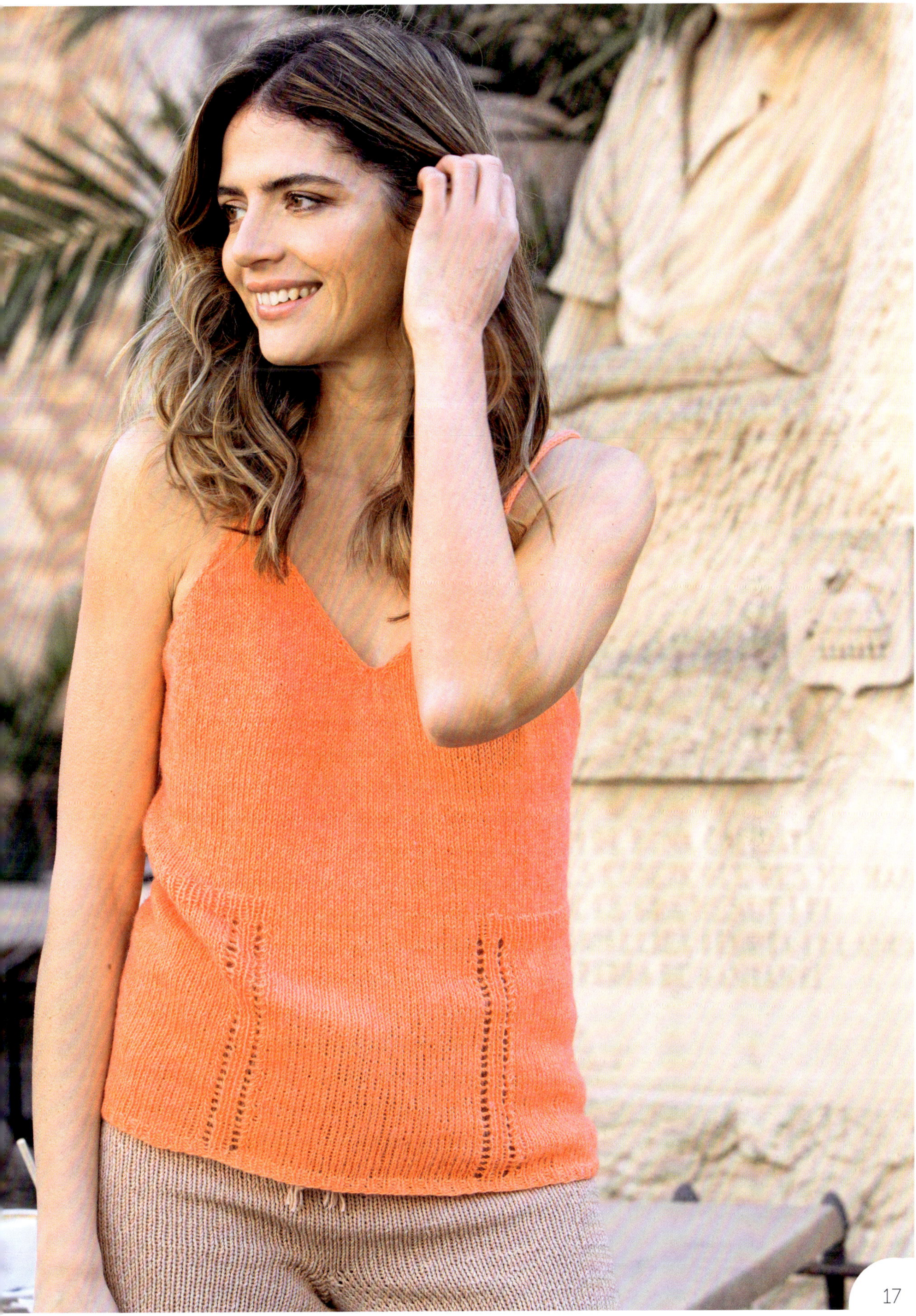

ANLEITUNG

Zunächst in Runden arbeiten, nach der Teilung für die Armausschnitte weiter in Hin- und Rückreihen stricken.

180 (196/208) Maschen anschlagen, zur Runde schließen, den Rundenanfang und die Seitennaht (= nach 90 (98/104) Maschen) mit je 1 Maschenmarkierer (= MM) markieren und 1 cm im Bündchenmuster arbeiten. Dann wie folgt glatt rechts weiterarbeiten: * 22 (24/26) Maschen rechts, 7 Maschen Lochmuster, 31 (35/37) Maschen rechts, 7 Maschen Lochmuster, 23 (25/27) Maschen rechts, MM abheben; ab * wiederholen.
In 20 (20,5/21) cm ab Anschlag * 29 (31/33) Maschen im Bündchenmuster stricken (1 Masche rechts, 1 Masche links im Wechsel, mit 1 Masche rechts enden), 31 (35/37) Maschen rechts, 30 (32/34) Maschen im Bündchenmuster (1 Masche rechts, 1 Masche links im Wechsel, mit 1 Masche links enden), MM abheben; ab * noch 1x wiederholen.

Nach 2 cm und 22 (22,5/23) cm ab Anschlag, 12 cm glatt rechts über alle Maschen weiterarbeiten = 34 (35/36) cm ab Anschlag.
Nun für das Rückenteil 4 (6/8) Maschen rechts stricken, 82 (86/88) Maschen im Bündchenmuster (1 Masche rechts, 1 Masche links im Wechsel, mit 1 Masche links enden), 4 (6/8) Maschen rechts, MM abheben, 90 (94/98) Maschen glatt rechts.
In 35 (36/37) cm ab Anschlag die ersten 4 (6/8) Maschen rechts, dann die 82 (86/88) Maschen im Bündchenmuster abketten.

Über die restlichen 98 (106/114) Maschen nun in Hin- und Rückreihen glatt rechts weiterarbeiten, dabei die seitlichen **Armausschnitte** mit einem I-Cord-Abschluss arbeiten. Dazu am Ende der 1. Hinreihe 3 Maschen dazu anschlagen, wenden, 2 Maschen links stricken, die 3. Masche mit der folgenden Masche links verschränkt zusammenstricken.

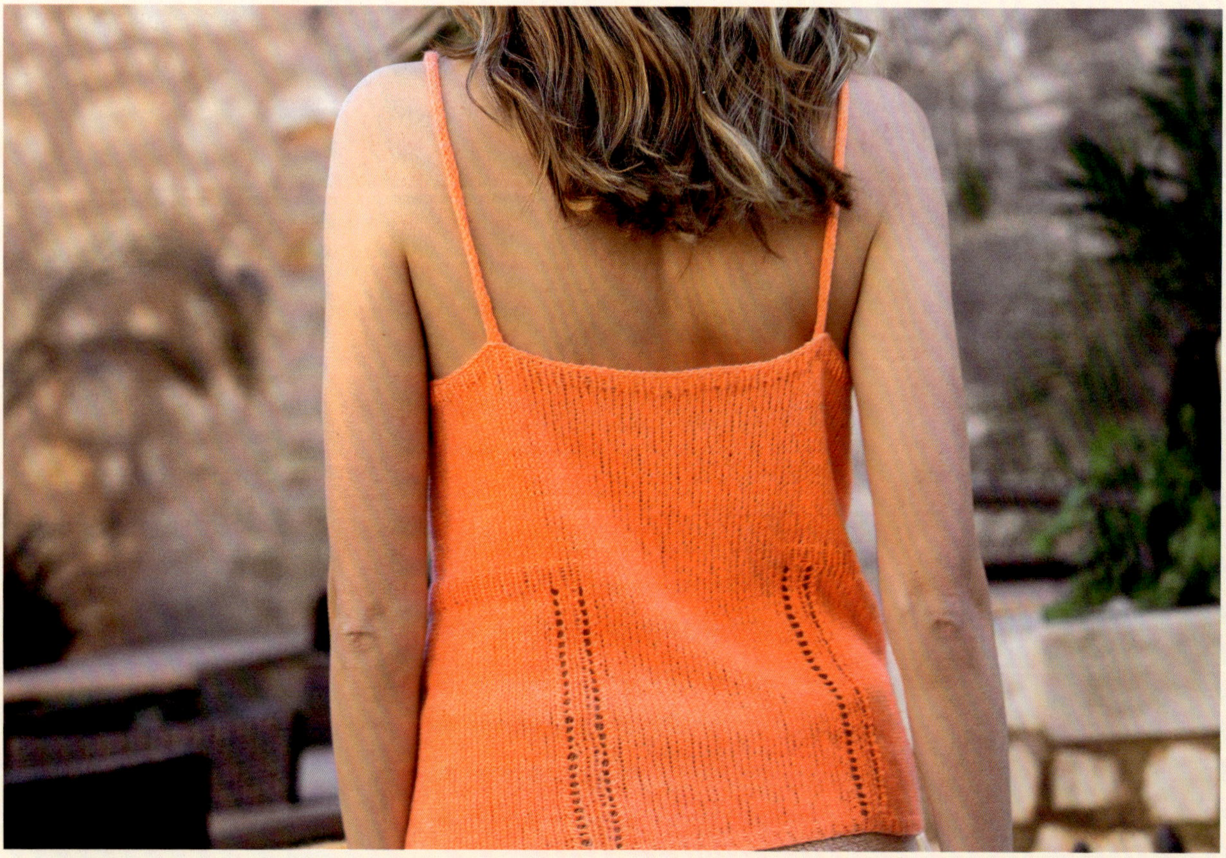

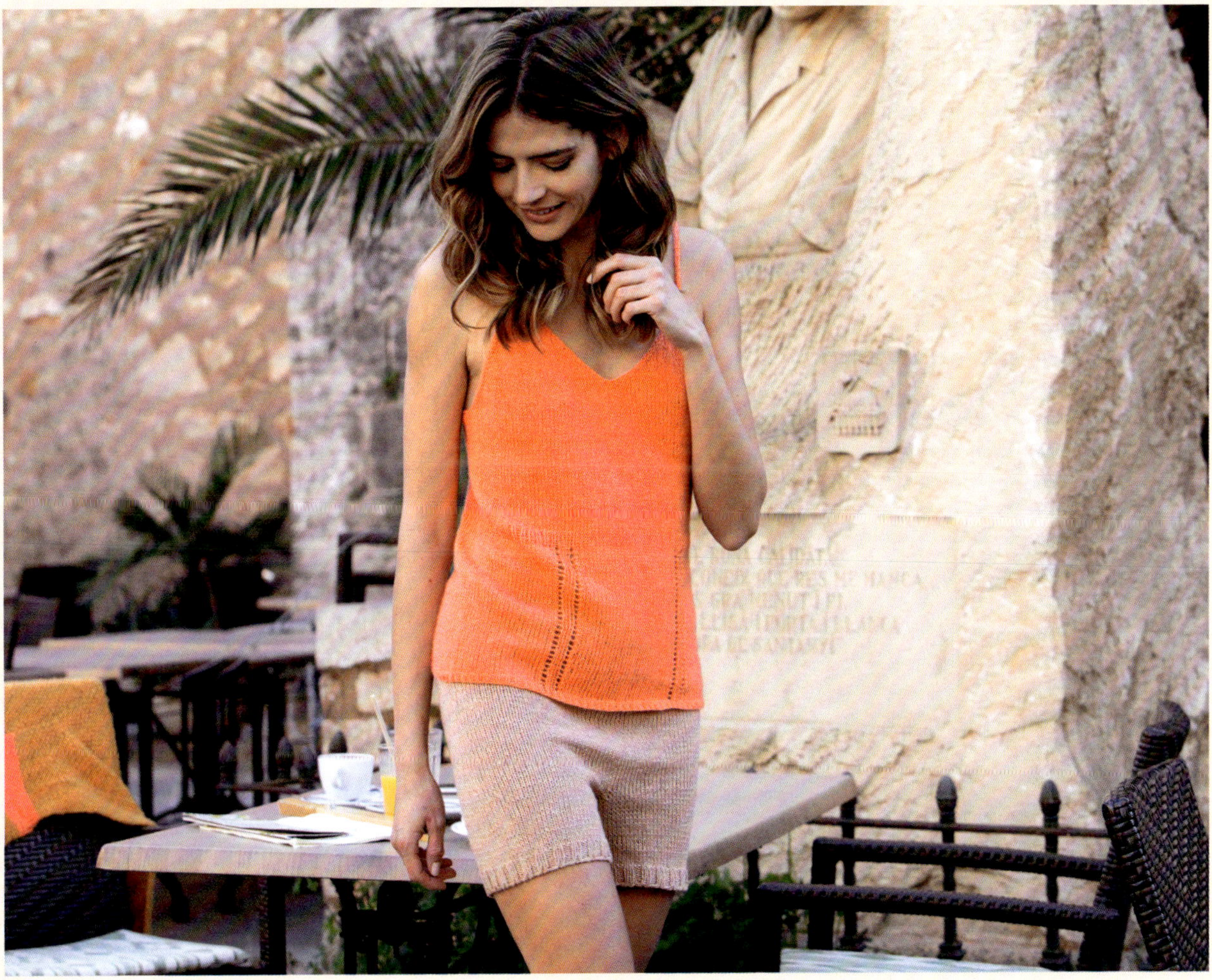

Am Ende der 1. Rückreihe ebenfalls 3 Maschen dazu anschlagen, wenden, 2 Maschen rechts stricken, die 3. Masche mit der folgenden Masche rechts zusammenstricken = 102 (110/118) Maschen.

Für die I-Cord-Abnahmen an den Armausschnitten **in den folgenden Hinreihen** die ersten 2 Maschen rechts stricken, 1 Überzug der 3. I-Cord-Masche mit der folgenden Masche stricken und die letzten 3 Maschen der Reihe mit dem Faden hinter der Arbeit ungestrickt abheben. **In den folgenden Rückreihen** die ersten 2 Maschen links, die 3. I-Cord-Masche mit der folgenden Masche links verschränkt zusammenstricken und die letzten 3 Maschen der Reihe mit dem Faden vor der Arbeit ungestrickt abheben. Diese beiden Reihen insgesamt 21 (23/25) x arbeiten.

Gleichzeitig nach insgesamt 12 Reihen = 3 cm ab Beginn Armausschnitt und 38 (39/40) cm ab Anschlag – es sind nun 92 (100/108) Maschen auf der Nadel – zunächst die vordere Mitte nach 46 (50/54) Maschen markieren und in der folgenden Hinreihe nach den I-Cord-Abnahmen bis 4 Maschen vor der markierten Mitte stricken, die Halsausschnitte-Abnahmen der linken Vorderteilhälfte arbeiten (= 2 Maschen rechts zusammenstricken, 1 Masche mit dem Faden vor der Arbeit abheben, 1 Masche rechts), den MM abheben, die Halsausschnitt-Abnahmen der rechten Vorderteilhälfte arbeiten (= 1 Masche rechts stricken, 1 Masche mit dem Faden vor der Arbeit abheben, 1 Überzug) und die Reihe glatt rechts und mit den I-Cord-Maschen beenden. ▶

In der folgenden Rückreihe beide Vorderteilseiten getrennt weiterstricken und zunächst **die rechte Vorderteilhälfte** fertigstellen: In Hin- und Rückreihen glatt rechts stricken, dabei am äußeren Rand weiterhin die I-Cord-Abnahmen für den Armausschnitt und an der Halsausschnittkante in der Vorderteilmitte die Halsausschnitt-Abnahmen für das rechte Vorderteil arbeiten, bis nur noch 8 Maschen übrig sind = 3 I-Cord-Maschen, 3 Maschen glatt rechts und 2 Ausschnitt-Randm.

Für die Träger in der folgenden Hinreihe 1 Masche rechts, 1 Masche mit dem Faden vor der Arbeit abheben, 3 Maschen mit aufliegender Mittelmasche rechts zusammenstricken (= 2 Maschen zusammen wie zum Rechtsstricken abheben, eine Masche rechts stricken, die beiden abgehobenen Maschen überziehen), die 3 I-Cord-Maschen mit dem Faden hinter der Arbeit abheben = 6 Maschen. In der folgenden Rückreihe linke Masche stricken. In der folgenden Hinreihe die ersten 3 Maschen mit aufliegender Mittelmasche rechts zusammenstricken, 3 I-Cord-Maschen-mit dem Faden hinter der Arbeit abheben = 4 Maschen. Über diese 4 Maschen nun mit 2 Nadeln des Nadelspiels eine I-Cord stricken, leicht gedehnt gemessen ca. 35 (36/37) cm lang.

Die **linke Vorderteilhälfte** gegengleich arbeiten.

AUSARBEITUNG

Die Träger am Abkettrand des Rückenteils annähen.

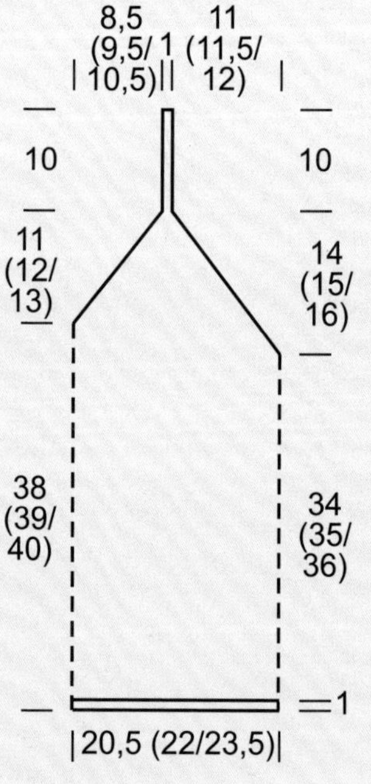

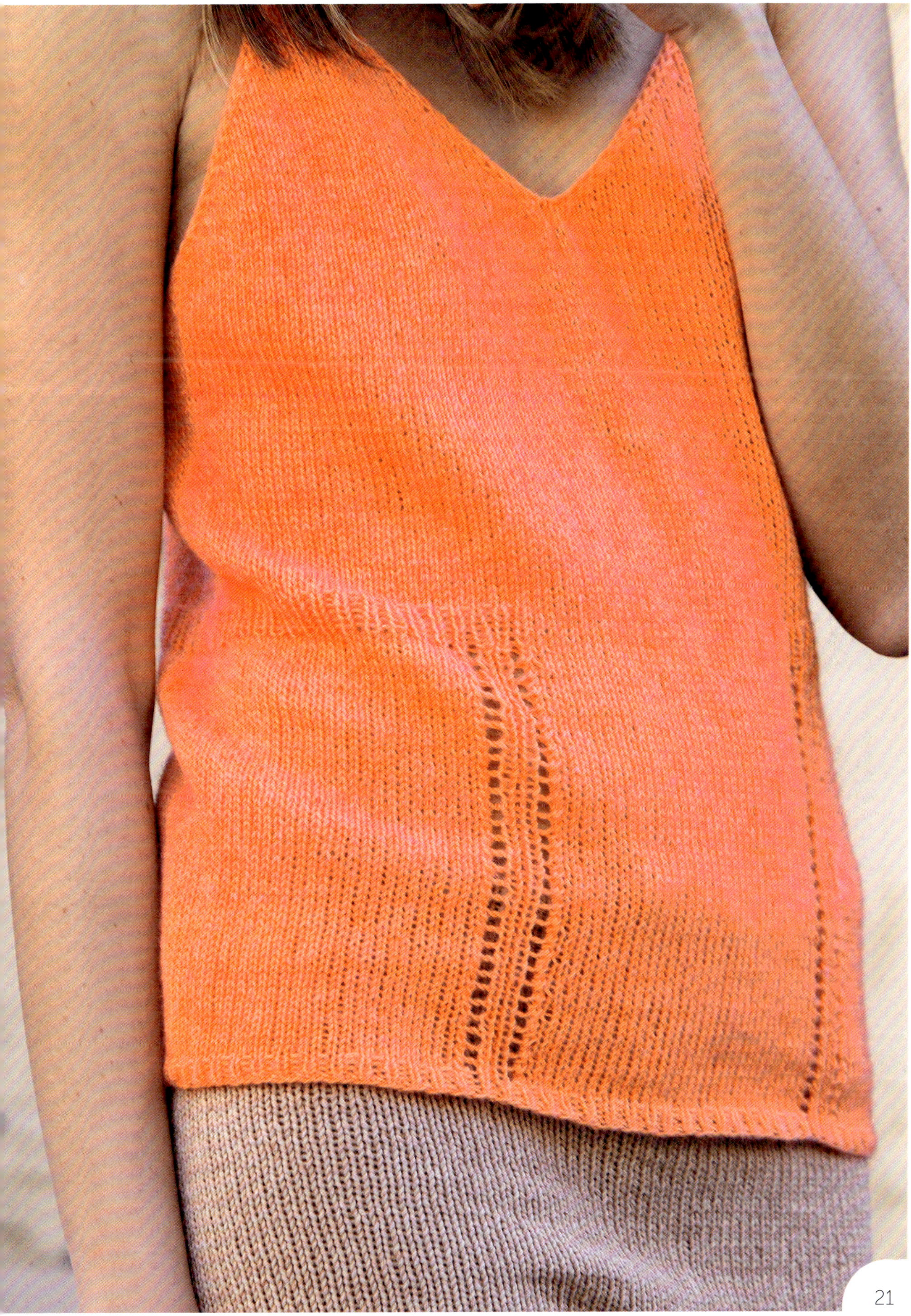

Bequeme Lieblingsshorts

34/36 – 38/40 – 42/44

Die Angaben für die kleinste Größe stehen vor der Klammer, die für die beiden größeren Größen aufsteigend und von einem / getrennt in den Klammern. Wird nur eine Angabe gemacht, gilt diese für alle Größen.

MATERIAL

Brigitte No. 4 (80 % Baumwolle, 20 % Alpaka, LL = 110 m/50 g) von Lana Grossa: 150 (200/250) g Sand (Fb 003); je 1 Rundstricknadel in 3,5 mm und 4 mm.

GRUNDMUSTER

Glatt rechts in Reihen: In Hinreihen rechte Maschen, in Rückreihen linke Maschen stricken.

Rippenmuster: 2 Maschen rechts, 2 Maschen links im Wechsel stricken. Die Anleitung beschreibt, wie die Maschen in der Reihe verteil werden. In den Rückreihen die Maschen stricken, wie sie erscheinen.

BESONDERE MUSTER UND TECHNIKEN

Verkürzte Reihen: Bis zu der Stelle stricken, an der gewendet werden soll. Die Arbeit wenden und die erste Masche mit dem Faden vor der Arbeit links abheben. Den Faden über die Nadel nach hinten ziehen, so dass eine doppelte Masche entsteht. Wenn Sie das nächste Mal wieder zu dieser Stelle kommen, diese beiden Maschenschenkel je nach Muster entweder rechts oder links zusammenstricken.

MASCHENPROBE

10 cm hoch und 10 cm breit sind **glatt rechts:** 20 Maschen und 30 Reihen.

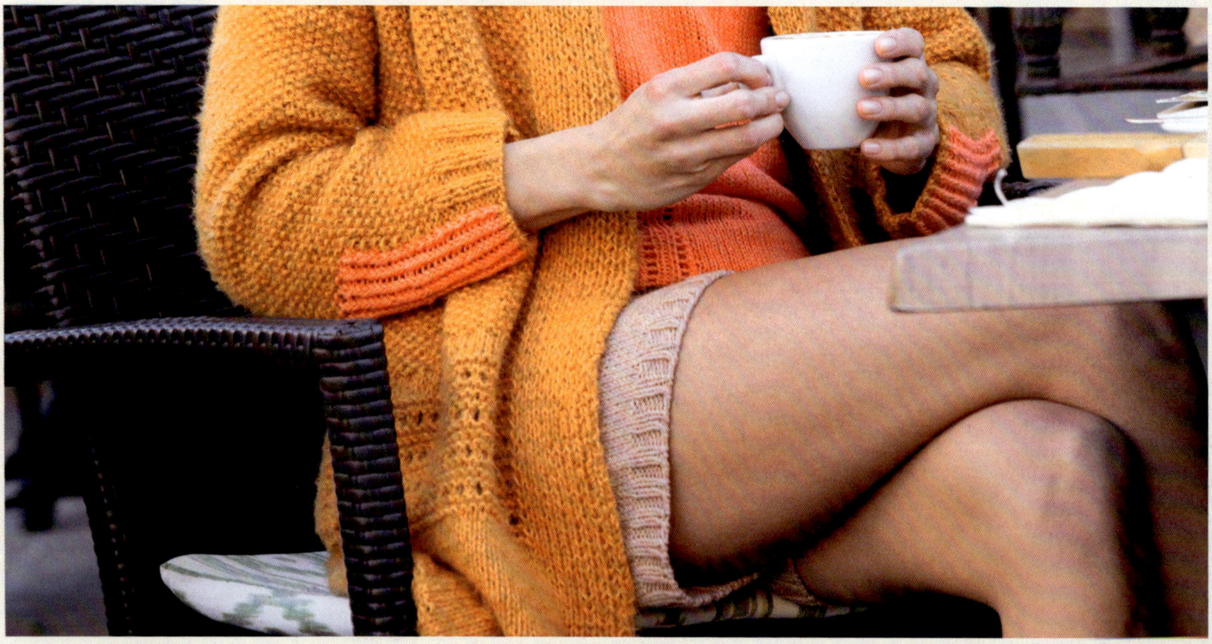

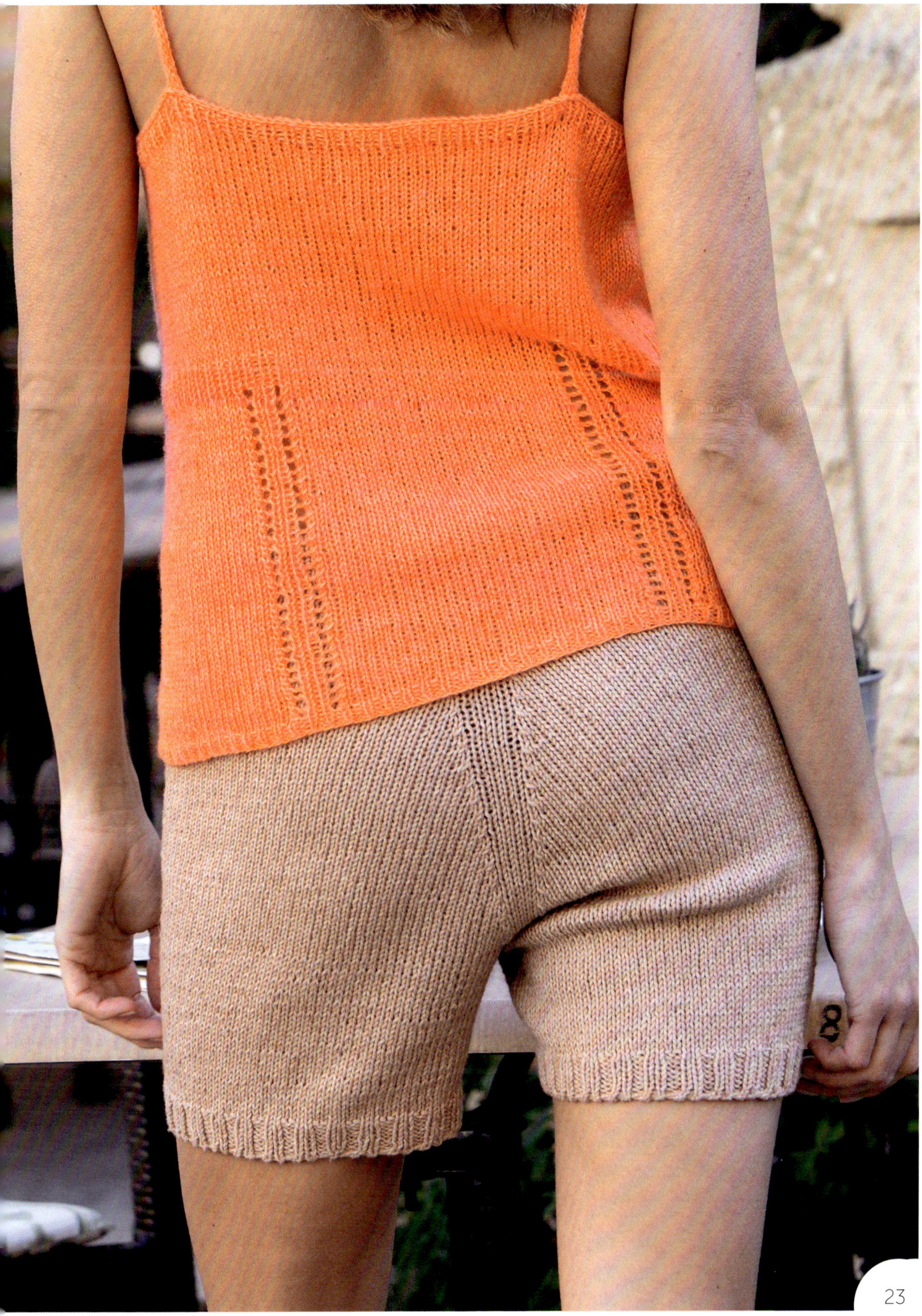

ANLEITUNG

Für **das linke Hosenbein** 106 (110/114) Maschen mit der Rundstricknadel in 3,5 mm anschlagen und 2,5 cm im Rippenmuster stricken, dabei 2 Maschen rechts, 2 Maschen links im Wechsel stricken und mit 2 Maschen rechts enden (die 1. und die letzte rechte Maschen können dabei nach Belieben einfach glatt rechts oder als Randm gestrickt werden). Dann zur Nadel in 4 mm wechseln und glatt rechts weiterstricken, dabei in der 1. Reihe 0 (1/2) Maschen zunehmen = 106 (111/116) Maschen. In 10, 5 cm Höhe ab Anschlag an der rechten Seite für die rückwärtige Naht 1x 6 Maschen, dann in jeder 2. Reihe noch 1x 2 Maschen und 1x 1 Masche abketten. Gleichzeitig an der linken Seite für die vordere Naht 1x 4 Maschen, dann in jeder 2. Reihe noch 1x 2 Maschen und 1x 1 Masche abketten = 90 (95/100) Maschen. Mit einer Rückreihe enden, dann die Maschen stilllegen.
Das **rechte Hosenbein** gegengleich stricken.

Nun die Maschen beider Hosenbeine auf die Nadel nehmen und zur Runde schließen: Zunächst die Maschen des linken Hosenbeins stricken, die letzten 2 Maschen mit der 1. Masche des rechten Hosenbeins rechts zusammenstricken, dabei die letzten 2 Maschen des rechten Hosenbeins mit der 1. Masche des linken Hosenbeins rechts zusammenstricken. Diese Stelle (= hintere Mitte) als Rundenübergang markieren = 176 (186/196) Maschen.

Weiter in Runden über alle Maschen stricken. Nach 2 Runden eine Abnahme-Runde arbeiten: 2 Maschen rechts, 2 Maschen rechts zusammenstricken, bis 4 Maschen vor Ende der Runde stricken, 1 Überzug, 2 Maschen rechts. Diese Abnahmen noch 21 (23/25) x in jeder 3. Runde wiederholen = 132 (138/144) Maschen.

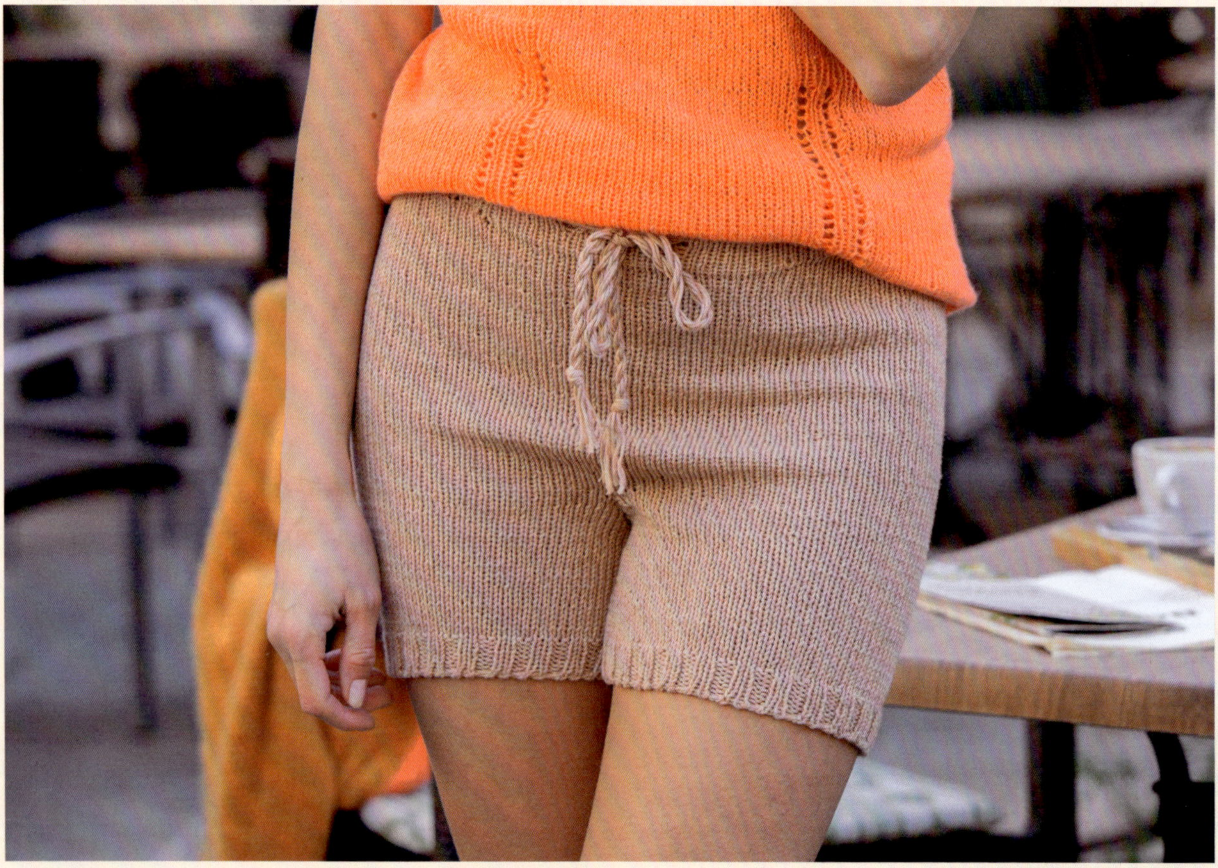

In 31 (33/35) cm ab Bündchen für die rückwärtige Erhöhung weiter in verkürzten Reihen arbeiten: 53 (55/57) Maschen rechts, wenden, 1 Doppelmasche, 105 (109/113) Maschen links, wenden, 1 Doppelmasche, * bis 4 Maschen vor der nächsten Doppelmasche rechts, wenden, 1 Doppelmasche, bis 4 Maschen vor der nächsten Doppelmasche links, wenden, 1 Doppelmasche; ab * noch 3x wiederholen. Nach der letzten Rückreihe noch einmal bis zur markierten hinteren Mitte rechts stricken, dabei die Doppelmaschen als 1 Masche abstricken.

Auf die dünnere Rundstricknadel wechseln und über alle Maschen in Runden glatt rechts weiterstricken, dabei in der 1. Runde die Doppelmaschen jeweils als eine Masche abstricken. In der 6. Runde: 61 (63/65) Maschen rechts, 1 Umschlag, 2 Maschen rechts zusammenstricken, 6 Maschen rechts, 2 Maschen rechts zusammenstricken, 1 Umschlag, 61 (63/65) Maschen rechts. Weitere 5 Runden rechts stricken, 1 Runde links, 10 Runden rechts. Dann alle Maschen abketten.

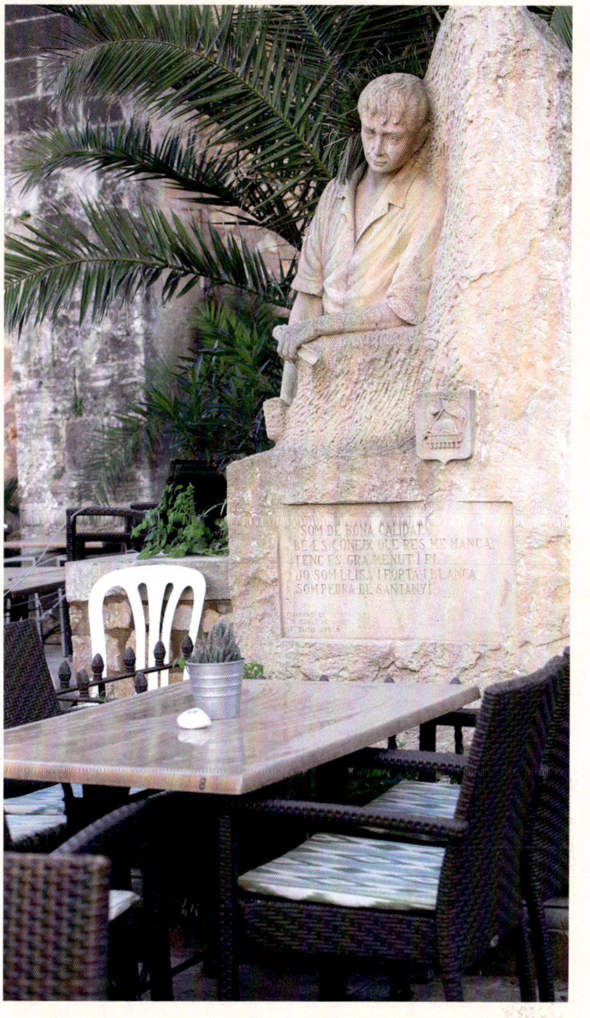

AUSARBEITUNG

Die Beinnähte, die vordere und die rückwärtige Schrittnaht schließen. Die obere Hosenkante an der links gestrickten Bruchkante nach innenlegen und festnähen.
Eine Kordel in gewünschter Länge anfertigen und durch die Öffnungen in der vorderen Mitte ziehen.

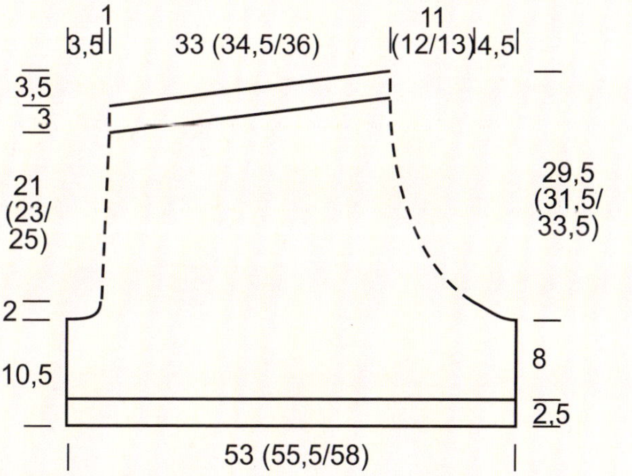

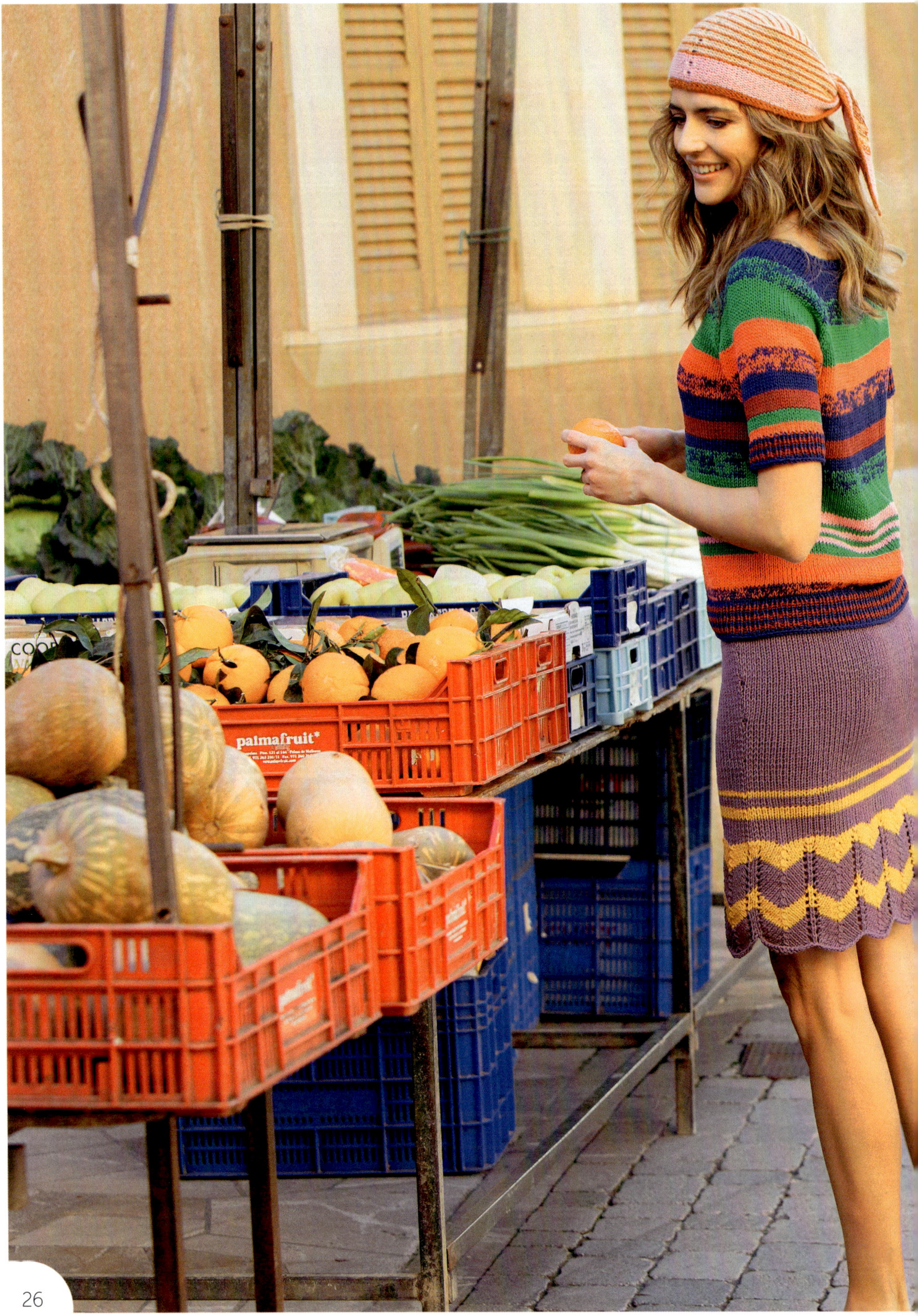
palmafruit*

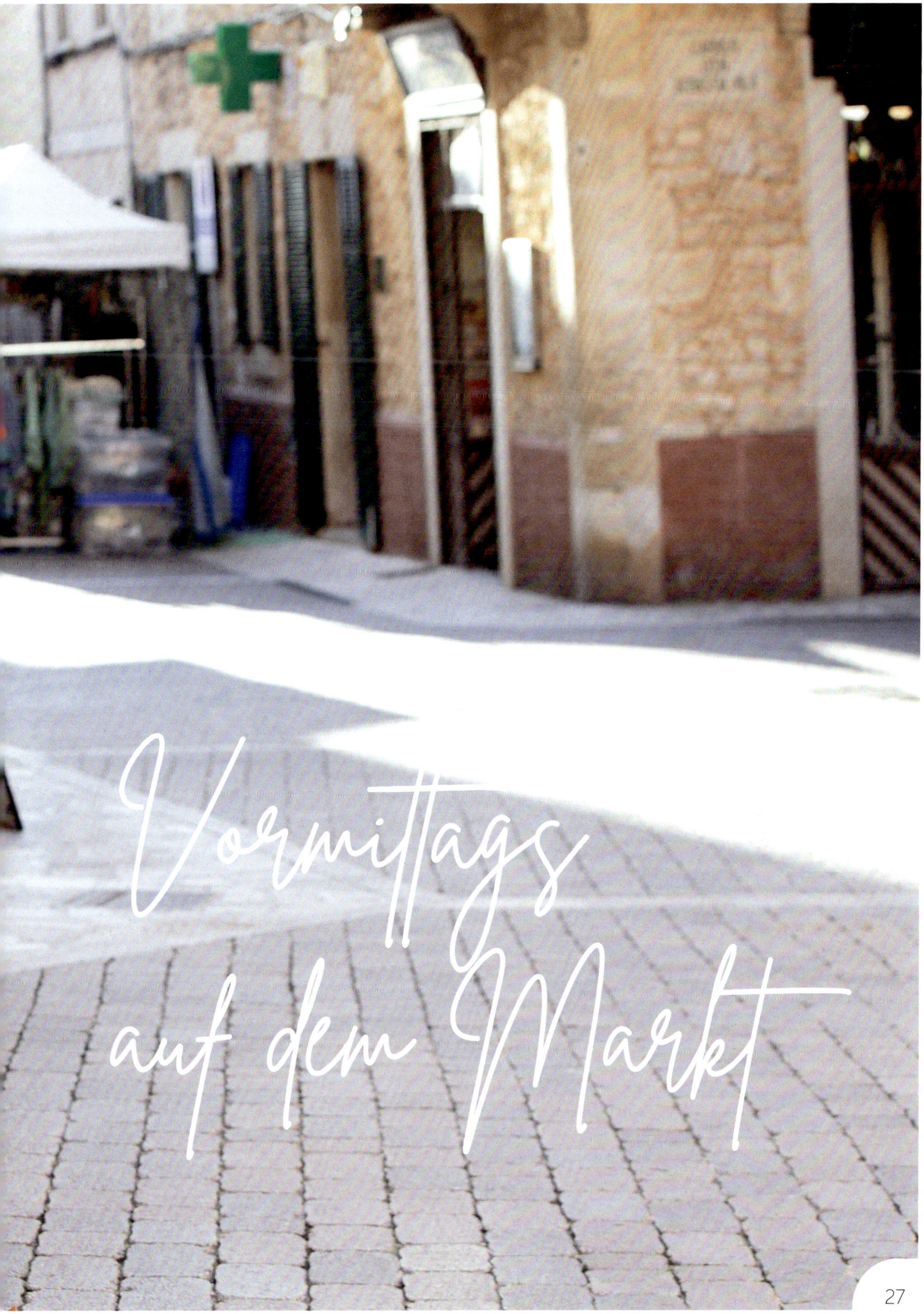

Vormittags auf dem Markt

Top Down Streifenpulli

34/36 – 38/40 – 42/44

Die Angaben für die kleinste Größe stehen vor der Klammer, die für die beiden größeren Größen aufsteigend und von einem / getrennt in den Klammern. Wird nur eine Angabe gemacht, gilt diese für alle Größen.

MATERIAL

Baby Cotton (100% Baumwolle, LL = 180 m/50 g) von Langyarns: 150 g Dunkelblau (Fb 0106, je 100 g Grün (Fb 0117) und Melone (Fb 0029), je 50 g Dunkelrot (Fb 0061) und Pink (Fb 0019); je 1 Rundstricknadel in 4,5 mm und 5 mm, 80 cm lang; je 1 Nadelspiel in 4,5 mm und 5 mm; Maschenmarkierer.

GRUNDMUSTER

Glatt rechts in Runden: Stets rechte Maschen stricken.

Bündchenmuster in Runden: 1 Masche rechts, 1 Masche links im Wechsel stricken. In allen folgenden Runden die Maschen stricken, wie sie erscheinen.

BESONDERE MUSTER UND MASCHEN

Rechtsgeneigte Zunahme: Mit der linken Nadel den Querfaden zwischen 2 Maschen der Vorreihe von hinten aufnehmen und rechts abstricken.

Linksgeneigte Zunahme: Mit der linken Nadel den Querfaden zwischen 2 Maschen der Vorreihe von vorne aufnehmen und rechts verschränkt abstricken.

MM abheben:
Den Maschenmarkierer von der linken auf die rechte Nadel heben.

STREIFENFOLGEN

Streifenfolge Raglanpasse:
10 (11/12) Runden 2 Fäden Dunkelblau,
8 (9/10) Runden je 1 Faden Dunkelblau und Grün,
12 Runden 2 Fäden Grün,
8 (9/10) Runden 2 Fäden Melone,
8 (9/10) Runden je 1 Faden Melone und Dunkelblau = 46 (50/54) Runden.

Streifenfolge Rumpf:
8 Runden 2 Fäden Dunkelblau,
6 Runden 2 Fäden Dunkelrot,
4 Runden 2 Fäden Dunkelblau,
8 (9/10) Runden je 1 Faden Dunkelblau und Grün,
10 Runden 2 Fäden Grün,
4 (5/6) Runden 2 Fäden Pink,
* 2 Runden 2 Fäden Grün, 2 Runden 2 Fäden Pink;
ab * noch 1x wiederholen,
4 Runden 2 Fäden Grün,
12 Runden 2 Fäden Melone,
4 (6/8) Runden je 1 Faden Melone und Dunkelblau,
2 Runden 2 Fäden Dunkelblau
= 70 (74/78) Runden.

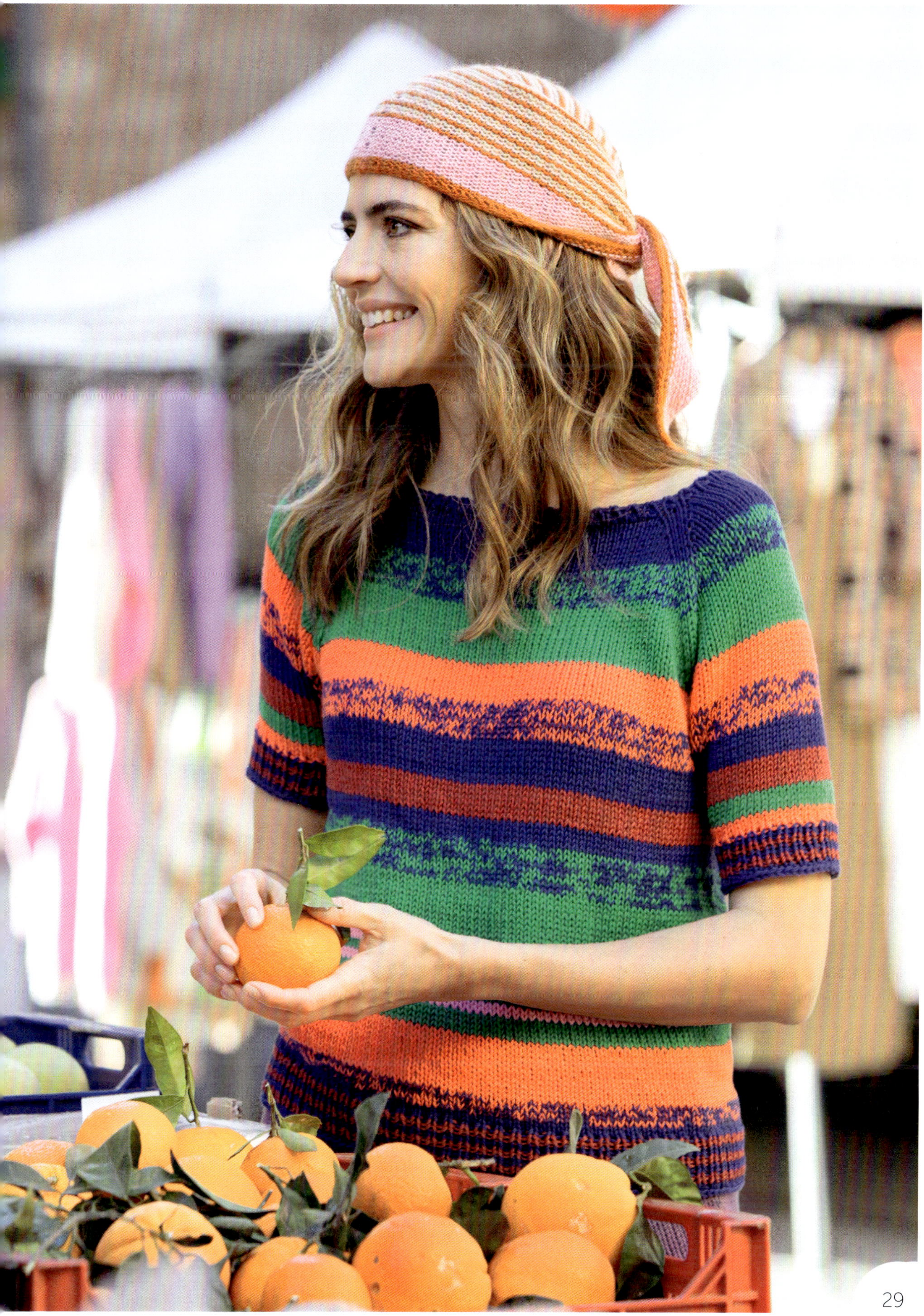

Streifenfolge Ärmel:
6 Runden 2 Fäden Dunkelblau,
6 Runden 2 Fäden Dunkelrot,
4 Runden 2 Fäden Grün,
4 Runden 2 Fäden Melone = 20 Runden.

Streifenfolge Bündchen:
2 Runden 2 Fäden Dunkelrot,
2 Runden 2 Fäden Dunkelblau im Wechsel; die Anleitung beschreibt, mit welcher Farbe begonnen wird.

MASCHENPROBE

10 cm hoch und 10 cm breit sind **glatt rechts** (5 mm), 2-fädig: 18 Maschen und 25 Reihen.

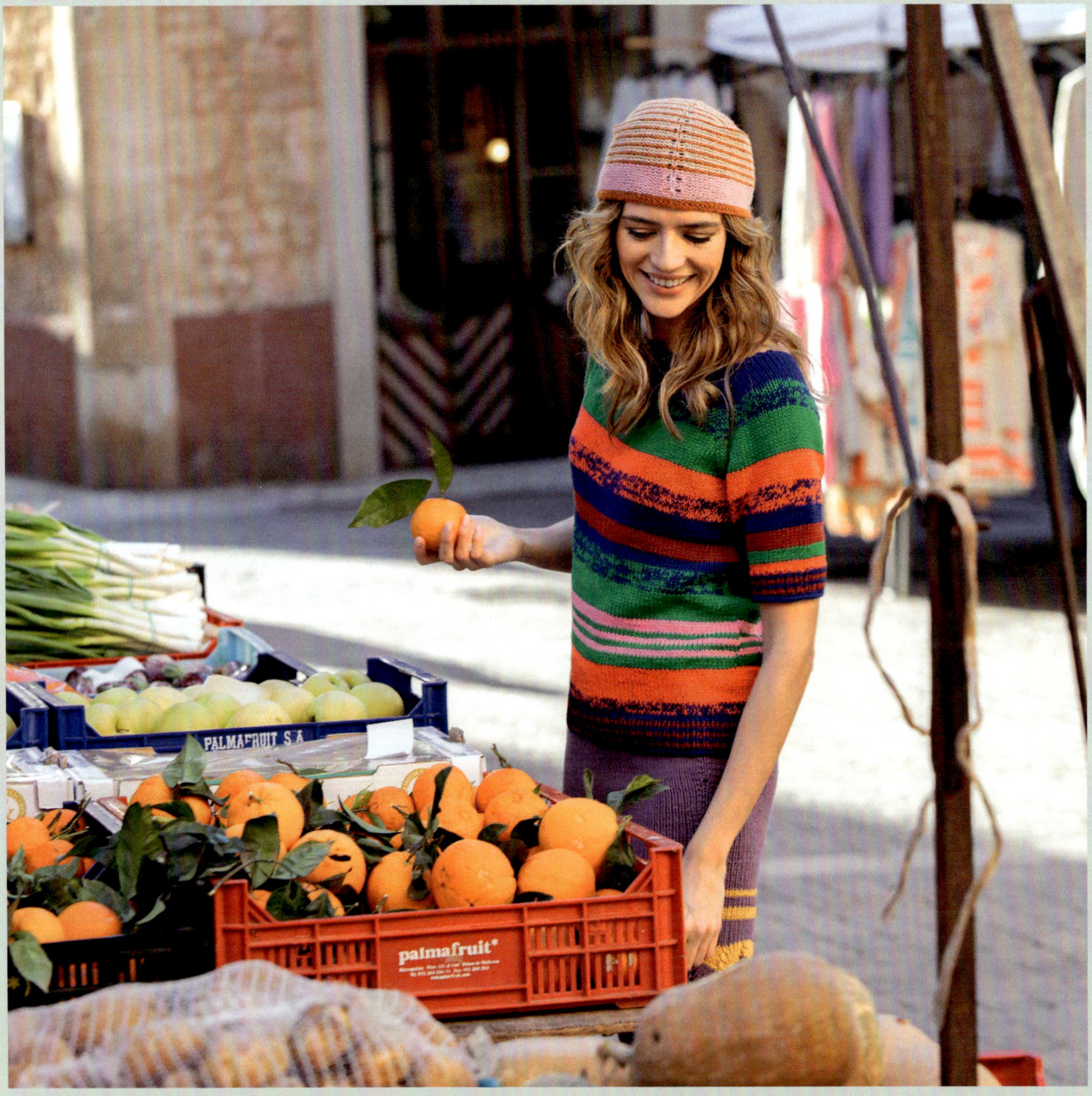

ANLEITUNG

Der Pullover wird am Ausschnitt begonnen und von oben nach unten gestrickt. Stets 2-fädig in der jeweiligen Streifenfolge arbeiten: Für die **Raglanpasse** 100 (104/108) Maschen in Dunkelblau im italienischen Maschenanschlag mit der Rundstricknadel 4,5 mm anschlagen und die folgenden 46 (50/54) Runden in der entsprechenden Streifenfolge arbeiten:
2 Übergangsreihen arbeiten (= 1 Masche rechts, 1 Masche mit dem Faden vor der Arbeit abheben) arbeiten. Die Maschen zur Runde schließen, den Rundenübergang mit einem Maschenmarkierer (= MM) kennzeichnen und 2 Runden im Bündchenmuster stricken.

Zur Rundstricknadel in 5 mm wechseln, 1 Runde glatt rechts stricken, dann die Maschen wie folgt einteilen: Den MM abheben, 3 Maschen rechts (= Raglanmaschen), 1 MM einhängen, 29 (31/33) Maschen rechts (= Rücken), 1 MM einhängen, 3 Maschen rechts (= Raglanmaschen), 1 MM einhängen, 15 Maschen rechts (= rechter Ärmel), 1 MM einhängen, 3 Maschen rechts (= Raglanmaschen), 1 MM einhängen, 29 (31/33) Maschen rechts (= Vorderteil), 1 MM einhängen, 3 Maschen rechts (= Raglanmaschen), 1 MM einhängen, 15 Maschen rechts (= linker Ärmel).

Die nächste Runde ist eine **Zunahmerunde**: * MM abheben, 3 Maschen rechts, MM abheben, 1 rechts geneigte Zunahme, bis zum nächsten MM rechts, 1 links geneigte Zunahme, ab * noch 3x in der Runde wiederholen = 8 Zunahmen pro Runde.
Weiter glatt rechts in Runden stricken und die Zunahmerunde noch 21 (23/25) x in jeder 2. Runde wiederholen = 276 (296/316) Maschen und 46 (50/54) Runden.

Nun die Maschen für den **Rumpf** (= Maschen von Vorder- und Rückenteil und alle Raglanmaschen) und die Maschen der Ärmel getrennt weiterarbeiten:
In Dunkelblau 3 Raglanmaschen, 73 (79/85) Maschen für den Rücken, 3 Raglanmaschen rechts stricken, 59 (63/67) Maschen des 1. Ärmels stilllegen, 3 Raglanmaschen, 73 (79/85)

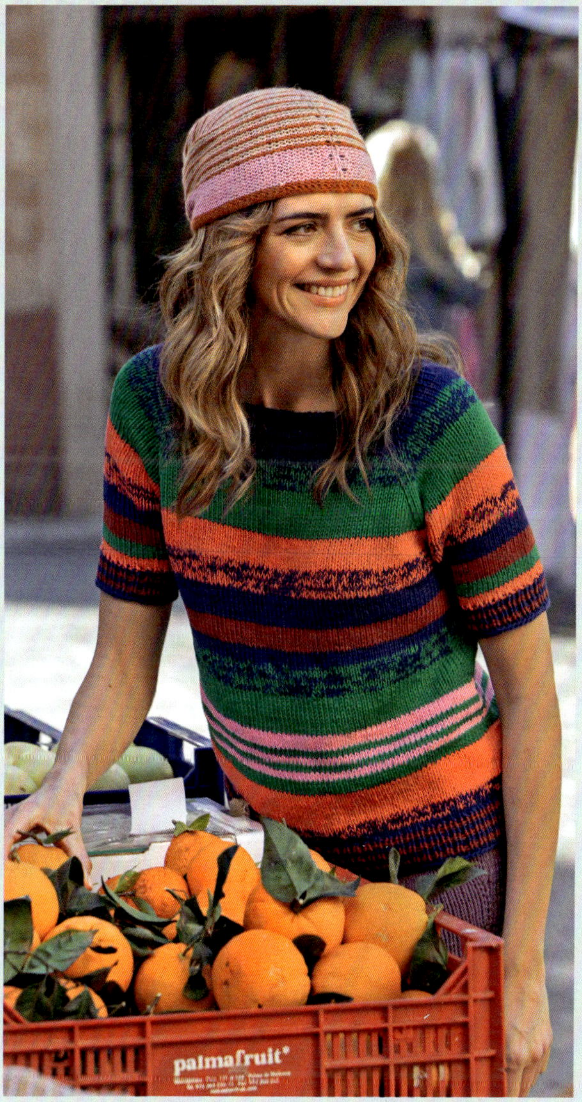

Maschen für das Vorderteil, 3 Raglanmaschen weiter rechts stricken und die letzten 59 (63/67) Maschen des 2. Ärmels ebenfalls stilllegen = 158 (170/182) Maschen für den Rumpf.
Die Maschen zur Runde schließen, den Rundenübergang markieren und über diese Maschen 70 (74/78) Runden glatt rechts in der entsprechenden Streifenfolge arbeiten. Dann zur dünneren Nadel wechseln und 12 Runden im Bündchenmuster in der entsprechenden Streifenfolge arbeiten. Dann alle Maschen abketten. ▶

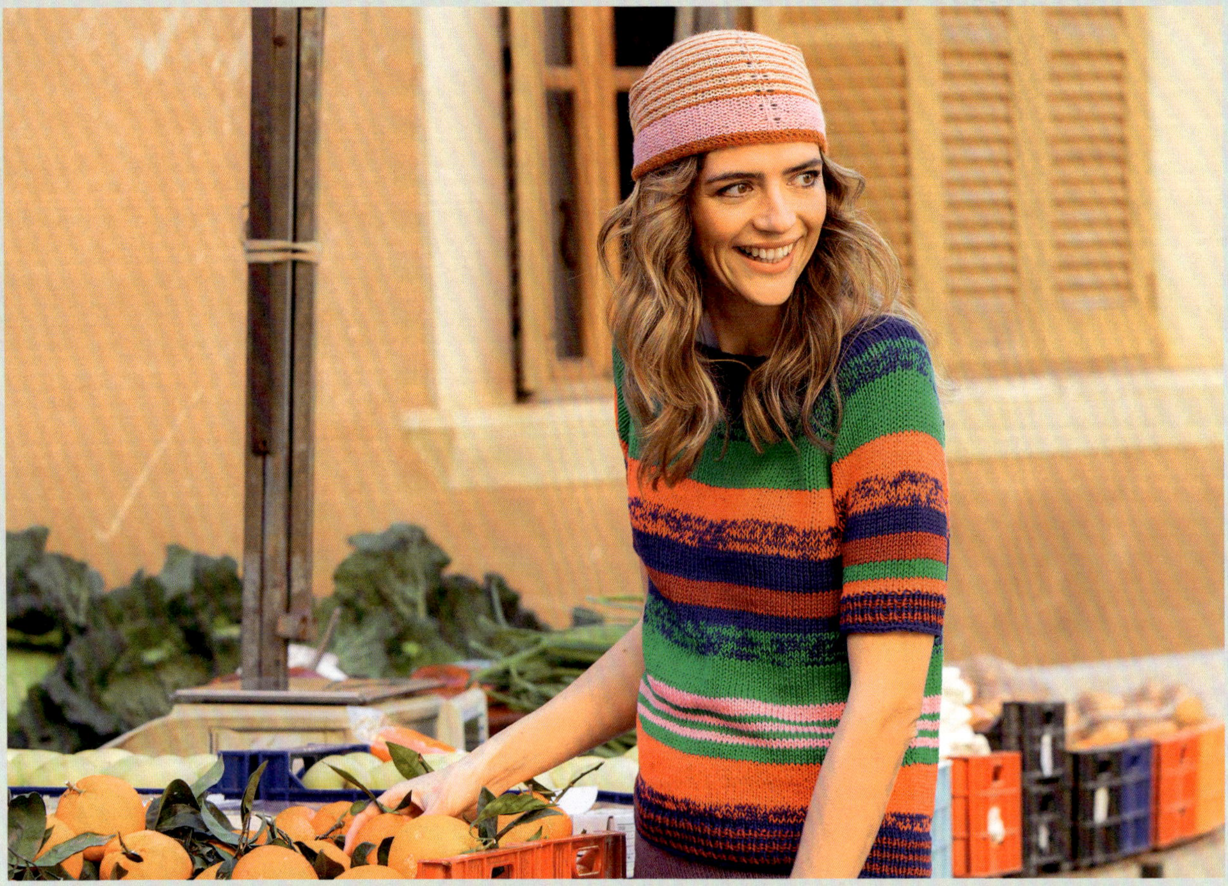

Die stillgelegten 59 (63/67) Maschen für den **linken Ärmel** auf das Nadelspiel in 5 mm nehmen, zur Runde schließen, den Rundenübergang markieren und glatt rechts in der entsprechenden Streifenfolge arbeiten. Dabei für die Armschrägen 2x in jeder 4. Runde und 3x in jeder 3. Runde jeweils 2 Maschen wie folgt abnehmen: 2 Maschen rechts, 1 Überzug (= 1 Masche wie zum Rechtsstricken abheben, 1 Masche rechts stricken, dann die abgehobene Masche überziehen), glatt rechts bis 4 Maschen vor Rundenende, 2 Maschen rechts zusammenstricken, 2 Maschen rechts = 49 (53/57) Maschen. Nach den 20 Runden der Streifenfolge auf das Nadelspiel in 4,5 mm wechseln und im Bündchenmuster in der entsprechenden Streifenfolge stricken, jedoch mit 2 Runden Dunkelblau beginnen. Nach 10 Runden Bündchenmuster (mit 2 Runden in Dunkelblau enden) alle Maschen abketten.

Den **rechten Ärmel** genauso arbeiten.

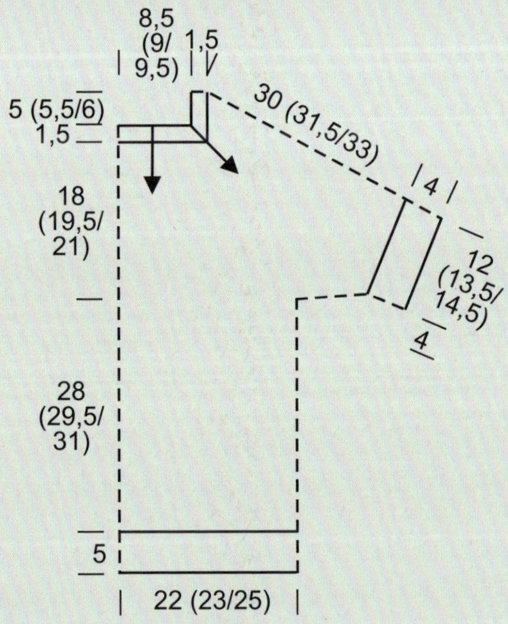

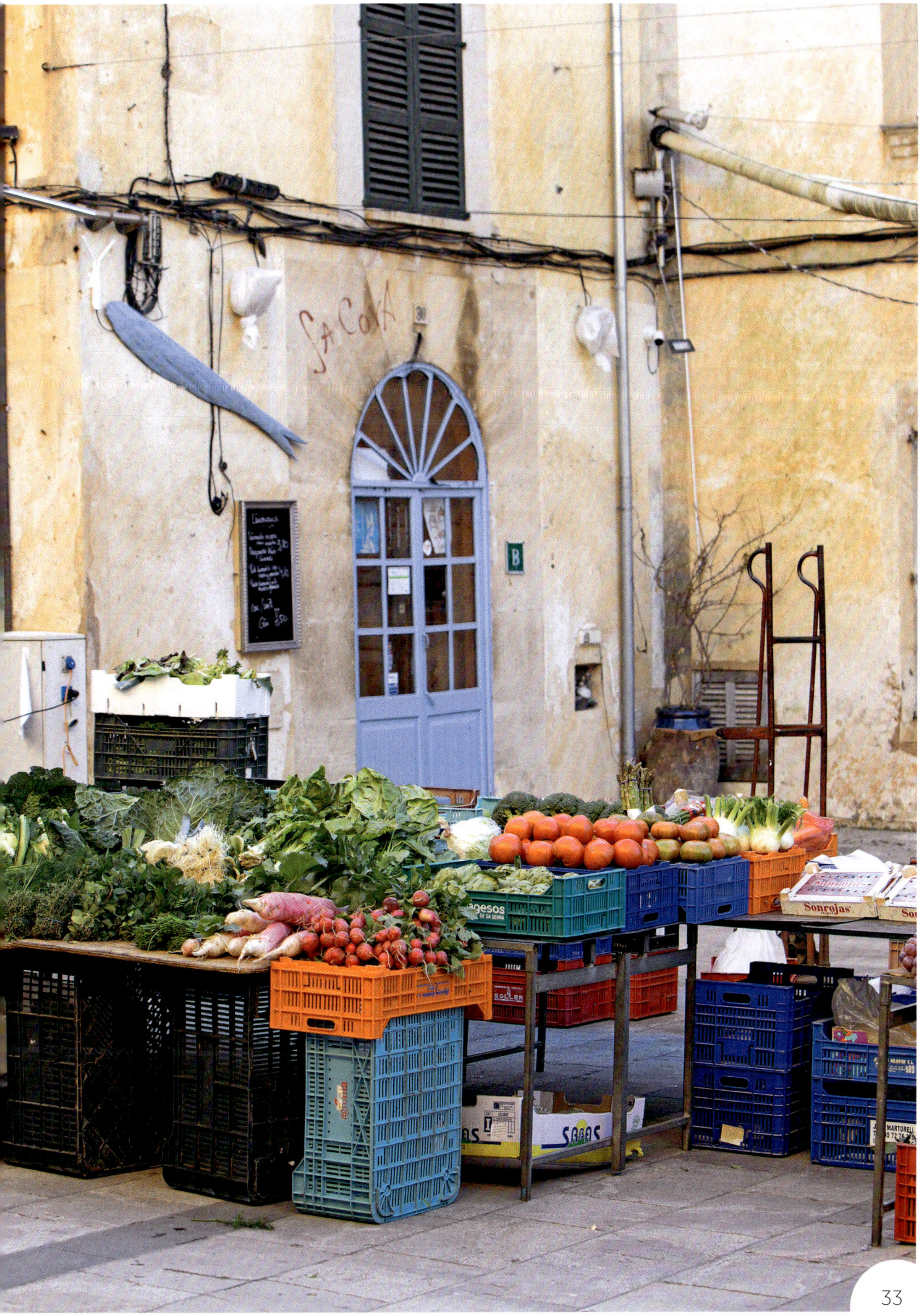
Sonrojas

Lässiger Bandana-Look

ca. 32 cm hoch und 82 cm breit

MATERIAL

Ecopuno (72 % Baumwolle, 17 % Schurwolle, 11 % Baby Alpaca, LL = 215 m/50 g) von Lana Grossa: je 50 g Nelke (Fb 21), Zimtbraun (Fb 49), Pfirsich (Fb 7), Beige (Fb 55); Stricknadeln in 4 mm; Maschenmarkierer.

GRUNDMUSTER

Kraus rechts in Reihen: In Hin- und Rückreihen rechte Maschen stricken.
Glatt links in Reihen: In Hinreihen linke Masche, in Rückreihen rechte Maschen stricken. Das Tuch wird kraus rechts gearbeitet, dabei nur die Mittelmasche stets glatt links stricken.

BESONDERE MUSTER UND MASCHEN

Rechts geneigte Zunahme: Mit der linken Nadel den Querfaden zwischen 2 Maschen von hinten aufnehmen und rechts abstricken.

Links geneigte Zunahme: Mit der linken Nadel den Querfaden zwischen 2 Maschen von vorne aufnehmen und rechts verschränkt abstricken.

MM abheben:
Den Maschenmarkierer von der linken auf die rechte Nadel heben.

FARBFOLGE

* Je 2 Reihen in Zimtbraun, Beige und Pfirsich; ab * stets wiederholen.

MASCHENPROBE

10 cm hoch und 10 cm breit sind **glatt rechts:** 22 Maschen und 52 Reihen.

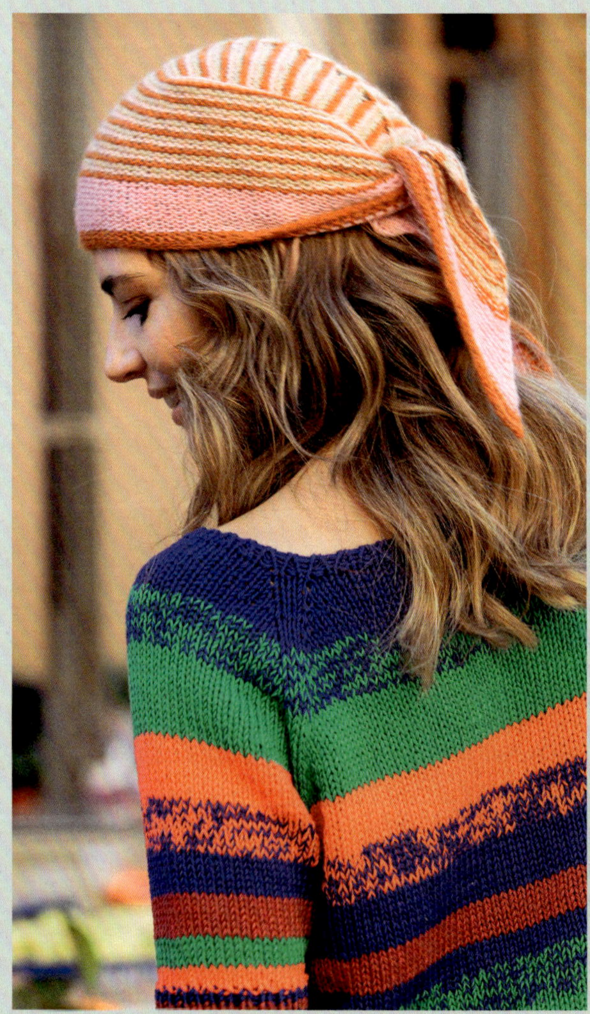

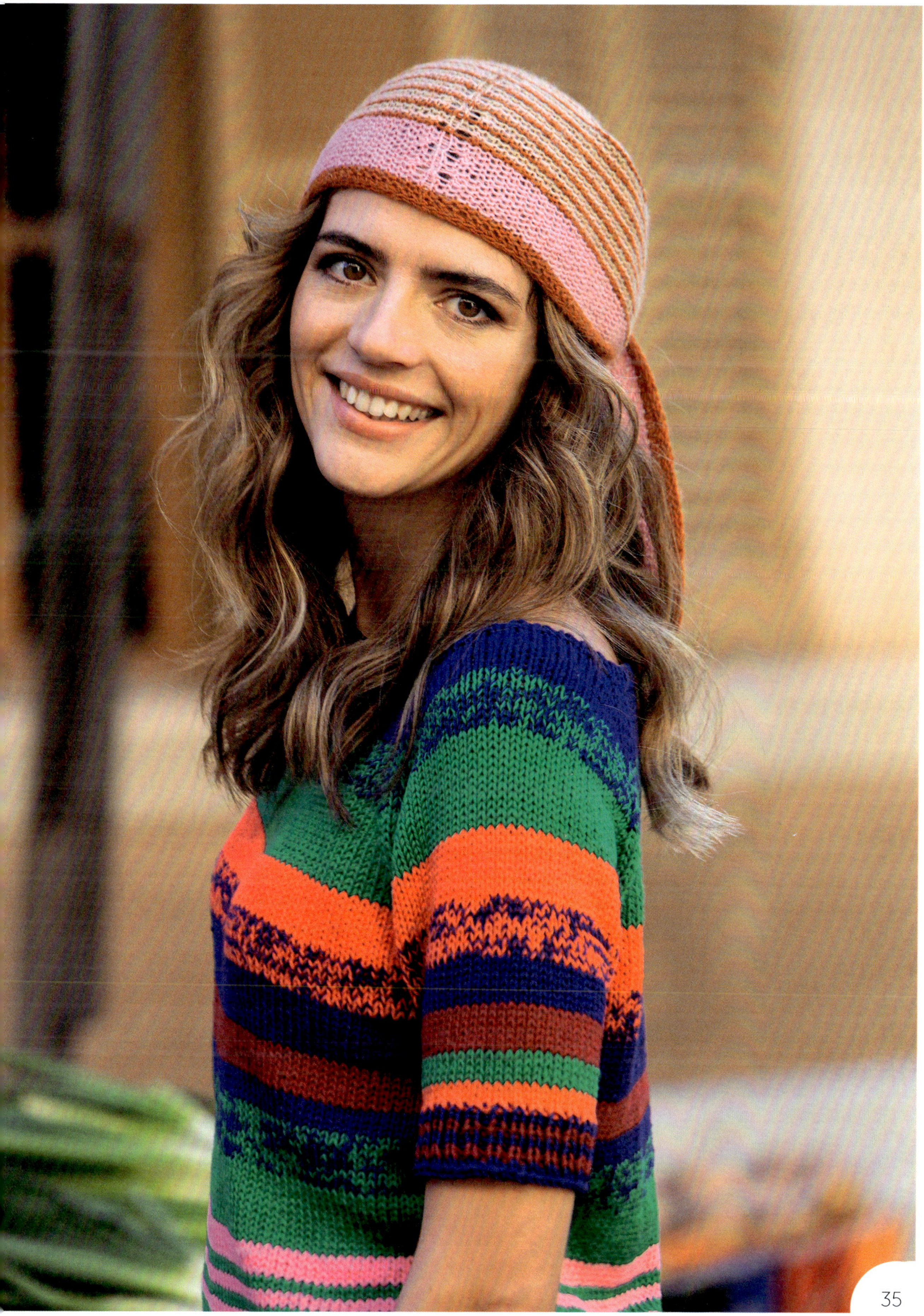

ANLEITUNG

3 Maschen in Nelke anschlagen und 2 Reihen kraus rechts stricken.

In allen folgenden Reihen kraus rechts stricken, nur die Mittelmasche kraus links stricken (= in Hin- und Rückreihen stets links stricken) und nach dem folgenden Zunahmeschema arbeiten:

3. Reihe (= Hinreihe): 1 Randm, 1 rechts geneigte Zunahme, Mittelmasche, 1 links geneigte Zunahme, 1 Randm = 5 Maschen.
4. Reihe (= Rückreihe) und alle folgenden Rückreihe): 1 Randm, kraus rechts bis zur Mittelmasche stricken, 1 Masche links, bis zur Randm rechts stricken, 1 Randm.
5. Reihe: 1 Randm, 1 Masche rechts, 1 rechts geneigte Zunahme, 1 Maschenmarkierer (= MM) einhängen, 1 Mittelmasche, 1 links geneigte Zunahme, 1 Masche rechts, 1 Randm = 7 Maschen.
7. Reihe: 1 Randm, 1 Masche rechts, 1 rechts geneigte Zunahme, bis zum MM rechts stricken, MM abheben, 1 Mittelmasche links, bis zu den letzten 2 Masche rechts stricken, 1 links geneigte Zunahme, 1 Masche recht, 1 Randm = 2 Zunahmen.
Die 7. und 8. Reihe noch 15x wiederholen = 39 Maschen.

In der folgenden Hinreihe mit der Streifenfolge beginnen, dabei das Zunahmeschema der 7. und 8. Reihe fortführen (= 2 Zunahmen pro Hinreihe), gleichzeitig in jeder 6. Reihe vor der Mittelmasche 2 Maschen rechts zusammenstricken, 1 Umschlag, 1 Mittelmasche links, 1 Umschlag, 1 Überzug und in jeder 12. Reihe am Anfang der Reihe nach der Zunahme 1 Masche rechts stricken, dann einen Umschlag arbeiten, am Ende der Reihe vor den letzten 3 Maschen 1 Umschlag, 1 Masche rechts, 1 Zunahmen, 1 Masche rechts, 1 Randm.

Nach 28 cm ab Anschlag die Streifenfolge beenden und noch 4 cm in Nelke weiterarbeiten (sowohl die Zunahmen als auch die Musterung in der 6. und in der 12. Reihe fortführen), dann weitere 4 Reihen in Zimtbraun stricken = 181 Maschen.

Dann die Maschen mit I-Cord wie folgt abketten: In der folgenden Hinreihe 3 neue Maschen (= I-Cord-Maschen) aufstricken. * 2 Maschen rechts stricken, 2 Maschen rechts verschränkt zusammenstricken (= die 3. I-Cord-Masche und die 1. Masche des abzukettenden Strickstücks), dann die 3 Maschen zurück auf die linke Nadel heben; ab * stets wiederholen, bis nur noch 3 Maschen übrigen sind. Diese restlichen Maschen wie üblich abketten.

TIPP: Das Tuch lässt sich durch weitere Wiederholungen der 7. und 8. Reihe in der Streifenfolge ganz leicht beliebig vergrößern!

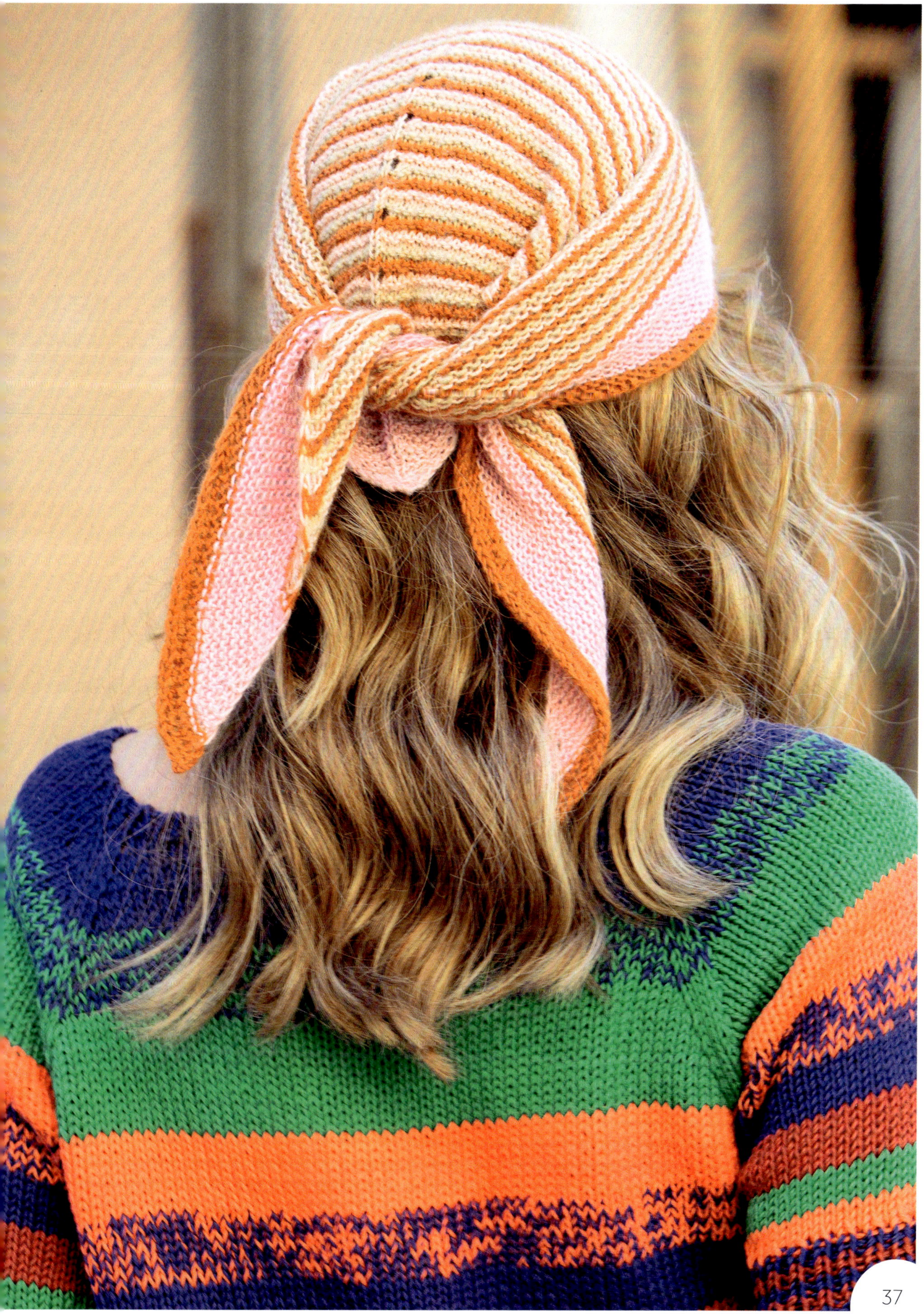

Schmaler Bordürenrock

34/36 - 40/42

Die Angaben für die kleinste Größe stehen vor der Klammer, die für die größere Größe in den Klammern. Wird nur eine Angabe gemacht, gilt diese für beide Größen.

MATERIAL

Elastico (96 % Baumwolle, 4 % Polyester (Elité), LL = 160 m/50 g) von Lana Grossa: 600 (650) g Pflaume (Fb 154), 100 g Narzissengelb (Fb 139); je 1 Rundstricknadel in 5,5 mm und 6 mm; 90 cm Gummiband, 20 mm breit.

GRUNDMUSTER

Glatt rechts in Reihen: In Hinreihen rechte Maschen, in Rückreihen linke Maschen stricken.

BESONDERE MUSTER

Zickzackmuster:
Maschenzahl teilbar durch 14 M + 1 Masche + 2 Randm.
1. Reihe (Hinreihe): 1 Randm, * 1 Masche rechts, 1 Umschlag, 5 Maschen rechts, 1 doppelte Abnahme (= 1 Masche abheben, 2 Maschen rechts zusammenstricken, die abgehobene Masche überziehen), 5 Maschen rechts, 1 Umschlag; ab * wiederholen, 1 Masche rechts, 1 Randm.
2. Reihe (Rückreihe): Randm, alle Maschen und Umschläge links stricken, Randm. Die 1. und 2. Reihe stets wiederholen.

STREIFENFOLGE

* 8 Reihen Pflaume, 6 Reihen Narzissengelb; ab * noch 1x wiederholen = 28 Reihen.

MASCHENPROBE

10 cm hoch und 10 cm breit sind **glatt rechts** (5,5 mm): 16 Maschen und 24 Reihen; **im Zickzackmuster** (6 mm): 18 Maschen und 20 Reihen; jeweils 2-fädig gestrickt.

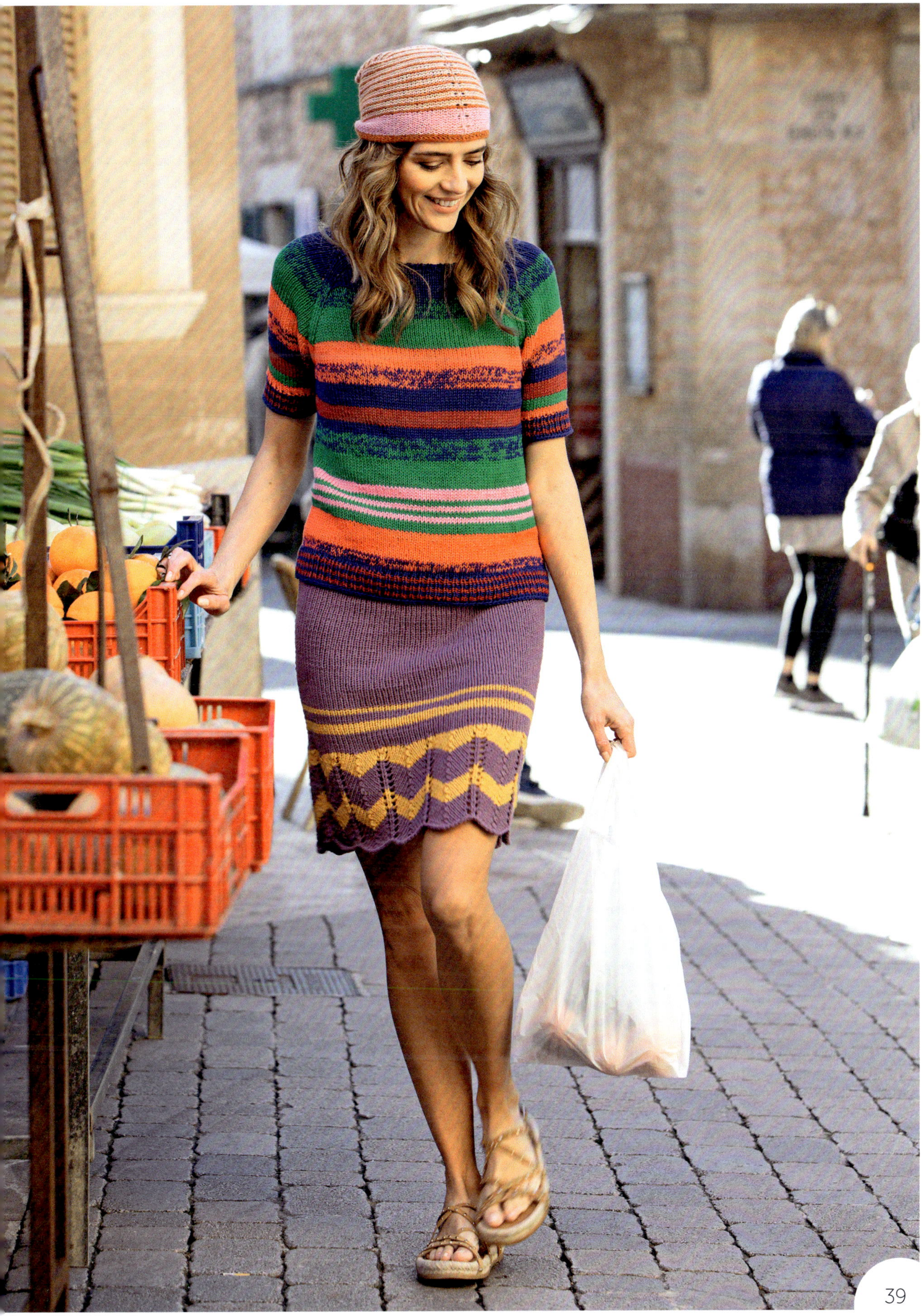

ANLEITUNG

Stets 2-fädig arbeiten:
Für das **vordere Rockteil** 87 (101) Maschen mit der Rundstricknadel in 6 mm und 2 Fäden in Pflaume anschlagen und zunächst eine Rückreihe links stricken. Dann für die **Bordüre** 28 Reihen im Zickzackmuster in der Streifenfolge arbeiten.

Glatt rechts in Pflaume weiterarbeiten, dabei in der 1. Reihe 24 (28) Maschen wie folgt abnehmen: 1 Randm, 1 Überzug (= 1 Masche wie zum Rechtsstricken abheben, 1 Masche rechts stricken, dann die abgehobene Masche überziehen), * 4 Maschen rechts, 1 doppelte Abnahme (= 1 Masche abheben, 2 Maschen rechts zusammenstricken, die abgehobene Masche überziehen), 4 Maschen rechts, 1 doppelter Überzug (= 2 Maschen rechts abheben, 1 Masche rechts stricken, die beiden abgehobenen Maschen überziehen); ab * noch 4x (5x) wiederholen, 4 Maschen rechts, 1 doppelte Abnahme (= 1 Masche abheben, 2 Maschen rechts zusammenstricken, die abgehobene Masche überziehen), 4 Maschen rechts, 2 Maschen rechts zusammenstricken, 1 Randm = 63 (73) Maschen.

In der nächsten Hinreihe auf die Rundstricknadel in 5,5 mm wechseln und 8 Reihen in Pflaume, 4 Reihen in Narzissengelb, 4 Reihen in Pflaume und 2 Reihen in Narzissengelb stricken, dann in Pflaume weiterarbeiten. Nach 10 cm ab dem letzten Streifen beidseitig nach bzw. vor der Randmasche je 1 Masche zunehmen (= aus dem Querfaden der Vorreihe 1 Masche herausstricken). Die Zunahmen noch 2x (3x) in jeder 12. Reihe wiederholen = 69 (81) Maschen.

In einer Höhe von 27 (32) cm ab dem letzten Streifen wie folgt abnehmen: 1 Randm, 20 (24) Maschen rechts, 1 Überzug, 23 (27) Maschen rechts, 2 Maschen rechts zusammenstricken, 20 (24) Maschen rechts, 1 Randm. Diese Abnahmen 4x (6x) in jeder 2.R wiederholen, jeweils nach und vor 20 (24) Maschen + 1 Randm von den Seiten entfernt = 59 (67) Maschen. Weiter 5 Reihen glatt rechts, die folgende Rückreihe für den Bruch ebenfalls rechts stricken und noch weitere 6 Reihen glatt rechts arbeiten. Dann alle Maschen abketten.

Das **hintere Rockteil** ebenso stricken.

AUSARBEITUNG

Die Rockteile spannen und unter feuchten Tüchern trocknen lassen. Die Seitennähte schließen, die obere Kante an der Bruchkante nach innen umlegen und festnähen, dabei eine Lücke offenlassen, um ein Gummiband einzuziehen. Das Gummiband auf die gewünschte Länge zuschneiden, in den Tunnelsaum einziehen, verknoten und die Saumlücke schließen.

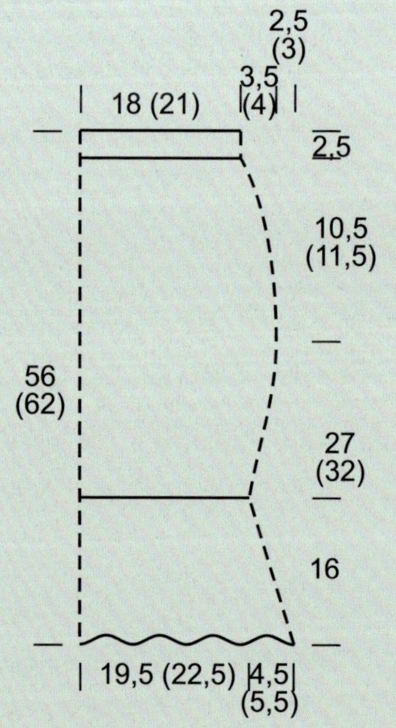

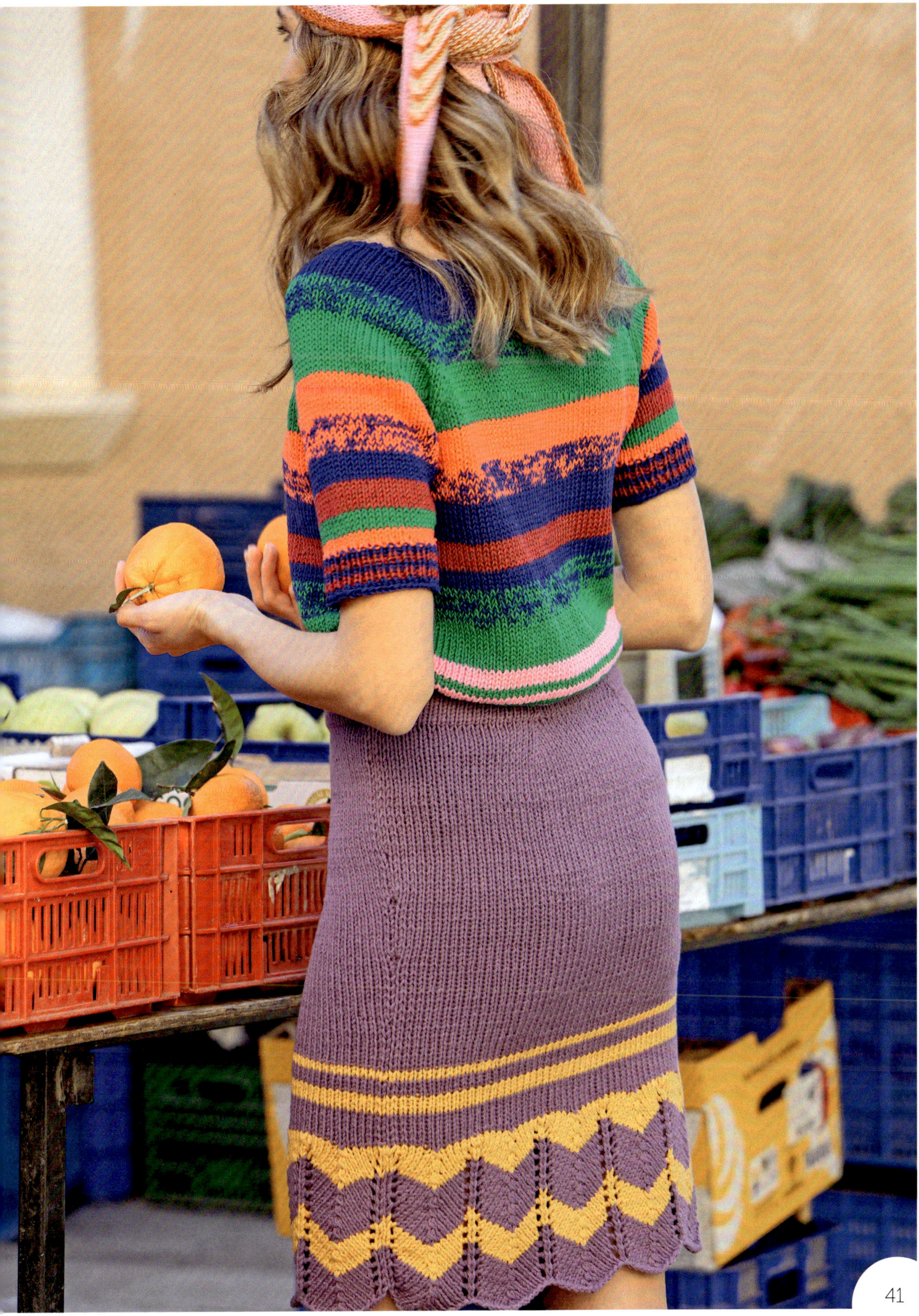

Frischer Blattmuster-Pulli

34/36 - 38/40 – 42/44

Die Angaben für die kleinste Größe stehen vor der Klammer, die für die beiden größeren Größen aufsteigend und von einem / getrennt in den Klammern. Wird nur eine Angabe gemacht, gilt diese für alle Größen.

MATERIAL

Brigitte No. 4 (80 % Baumwolle, 20 % Alpaca, LL = 110 m/50 g) von Lana Grossa: 450 (500/550) g Graublau (Fb 17), je 50 g Grün (Fb 12) und Sand (Fb 3); Rundstricknadel in 4 mm und 4,5 mm.

GRUNDMUSTER

Glatt rechts in Reihen: In Hinreihen rechte Maschen stricken, in Rückreihen linke Maschen.

Kraus rechts in Reihen: In Hin- und Rückreihen rechte Maschen stricken.

Bündchenmuster in Reihen: Zwischen den Randm 2 Maschen rechts, 2 Maschen links im Wechsel stricken. In den Rückreihen alle Maschen stricken, wie sie erscheinen.

Bündchenmuster in Runden: 2 Maschen rechts, 2 Maschen links im Wechsel stricken. In den Rückreihen alle Maschen stricken, wie sie erscheinen.

BESONDERE MUSTER UND MASCHEN

Blattmusterstreifen über 25 Maschen:
Nach Strickschrift arbeiten. Es sind die Hinreihen notiert. In den Rückreihen die Maschen stricken, wie sie erscheinen, Umschläge links stricken. In den Hinreihen 1x die 25 Maschen des Blattmusterstreifens in der Mustereinteilung arbeiten, wie sie in der Anleitung beschrieben ist.
Die 1. – 12. Reihe stets wiederholen.

Lochmusterstreifen über 4 Maschen:
Nach Strickschrift arbeiten. Es sind die Hinreihen notiert. In den Rückreihen die Maschen stricken, wie sie erscheinen, Umschläge links stricken. In den Hinreihen 1x die 4 Maschen des Lochmusterstreifens in der Mustereinteilung arbeiten, wie sie in der Anleitung beschrieben ist.

STREIFENFOLGE

8 Reihen in Grün, 6 Reihen in Sand, 8 Reihen in Grün, * 4 Reihen in Sand, 4 Reihen in Grün; ab * 1x wiederholen.

MASCHENPROBE

10 cm hoch und 10 cm breit sind **glatt rechts** (4 mm): 21 Maschen und 30 Reihen; im **Blattmuster** (4,5 mm): 20 Maschen und 28 Reihen; im **Lochmuster** (4,5 mm): 22 Maschen und 28 Reihen; im **Bündchenmuster** (4 mm): 22 Maschen und 30 Reihen.

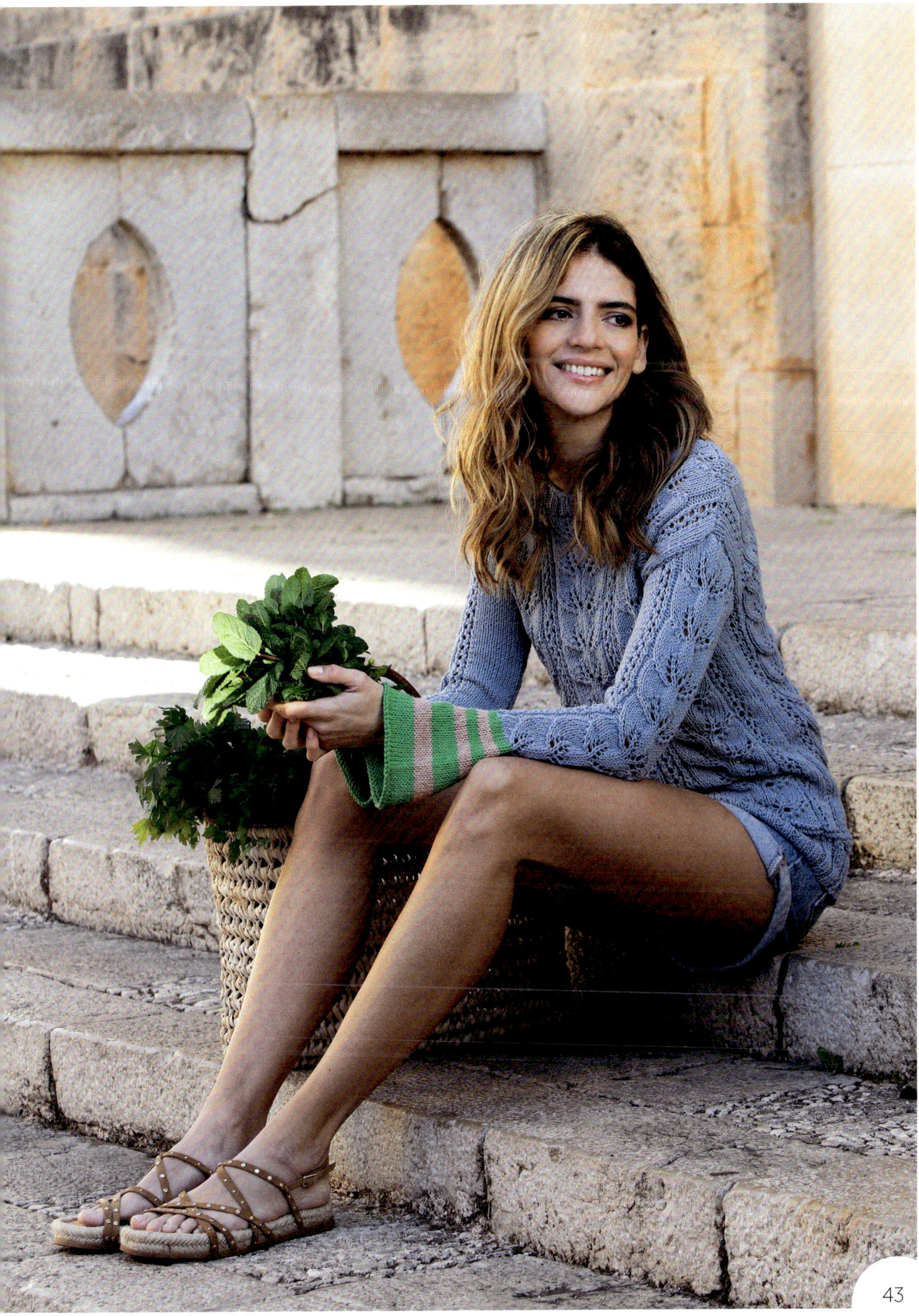

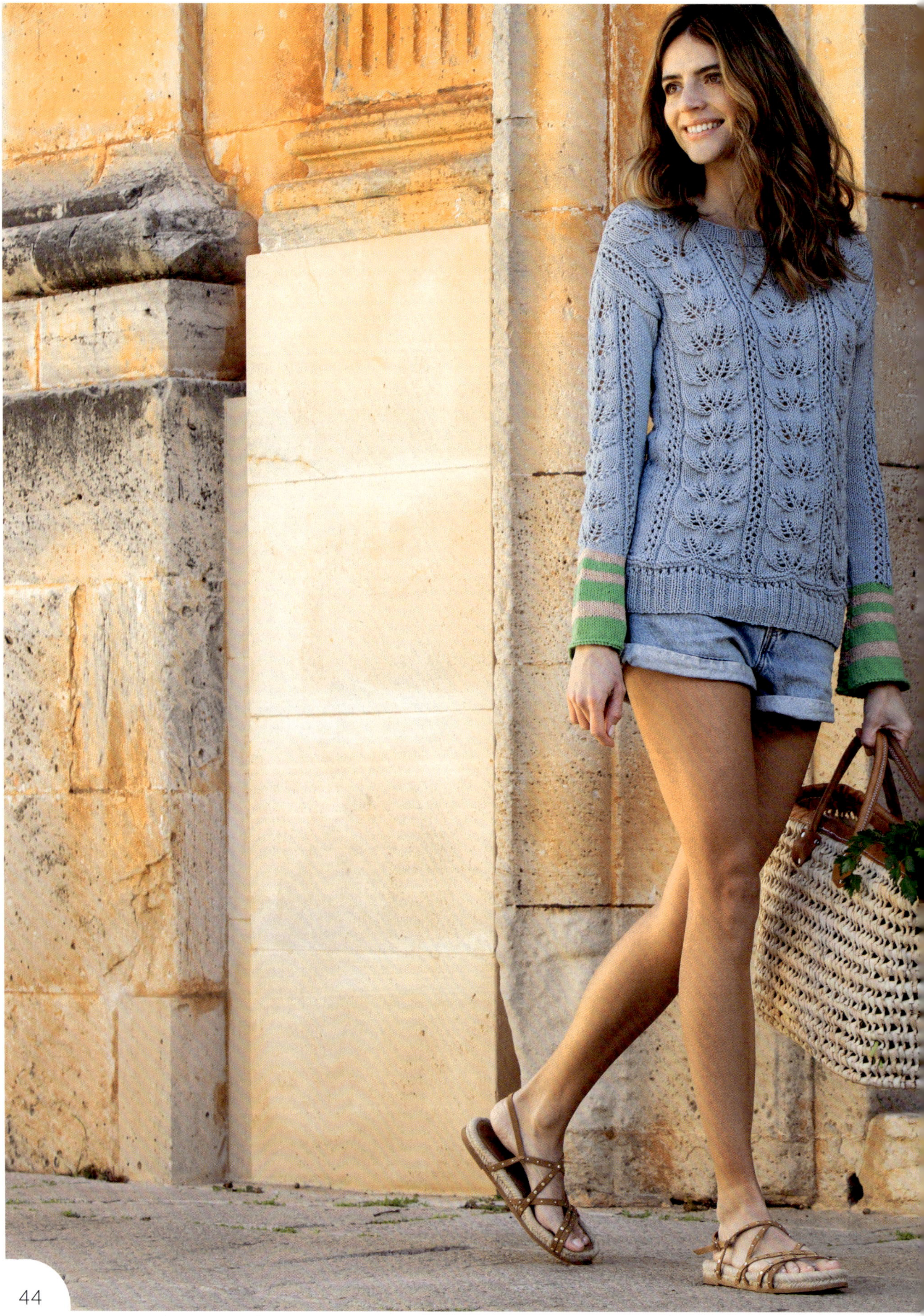

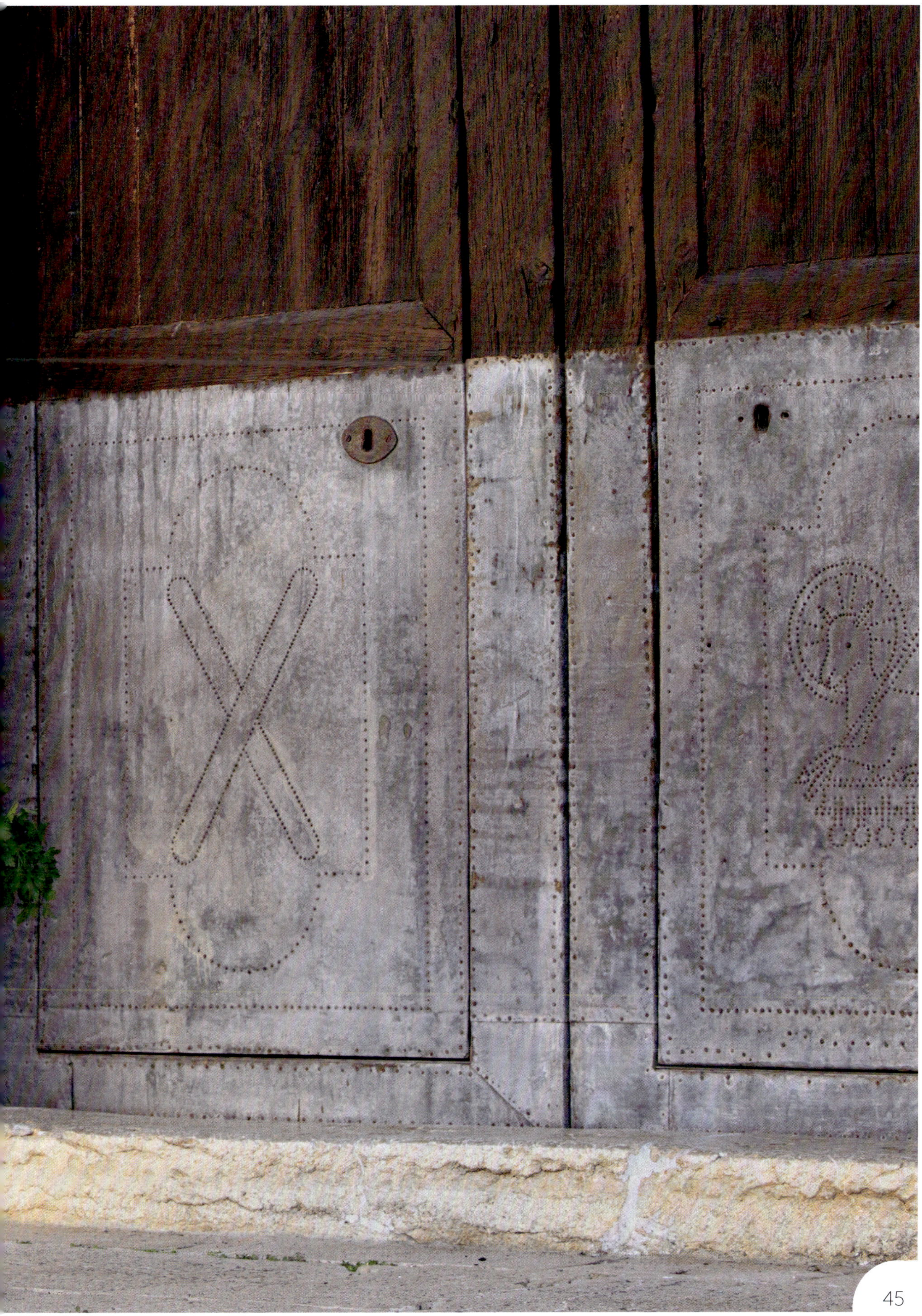

ANLEITUNG

Für das **Rückenteil** 100 (112/124) Maschen mit der Rundstricknadel in 4 mm anschlagen und 6 cm im Bündchenmuster stricken. Zur Rundstricknadel in 4,5 mm wechseln und zunächst 2 Reihen glatt rechts stricken, dabei in der letzten Reihe 1 Masche zunehmen = 101 (113/125) Maschen.
In der folgenden Hinreihe eine Lochmusterreihe arbeiten: 1 Randm, * 2 Maschen rechts zusammenstricken, 1 Umschlag; ab * wiederholen, 1 Masche rechts, 1 Randm. In der folgende Rückreihe alle Maschen und Umschläge links stricken. Dann 4 Reihen kraus rechts stricken.

In folgender Einteilung weiterarbeiten: 1 Randm, 4 (10/16) Maschen rechts, * 4 Maschen Lochmusterstreifen, 25 Maschen Blattmusterstreifen; ab * noch 2x wiederholen, 4 Maschen Lochmusterstreifen, 4 (10/16) Maschen rechts, 1 Randm.
In einer Höhe von 55 (57/59) cm ab Anschlag für die **Schulterschrägen** beidseitig in jeder 2. Reihe 2x 6 Maschen und 2x 7 Maschen (2x 7 Maschen und 2x 8 Maschen / 2x 8 Maschen und 2x 9 Maschen) abketten. Gleichzeitig in einer Höhe von 56 (58/60) cm für den rückwärtigen Halsausschnitt die mittleren 31 (33/35) Maschen abketten und beide Seiten getrennt fertigstellen, dabei an den Halsausschnittseiten in jeder 2. Reihe 1x 5 (6/6) Maschen und 1x 4 (4/5) Maschen abketten.

Das **Vorderteil** wie das Rückenteil arbeiten, jedoch in 49 (51/53) cm Höhe bereits für den vorderen Halsausschnitt die mittleren 15 (17/19) Maschen abketten und beide Seiten getrennt fertigstellen, dabei an den Halsausschnittseiten in jeder 2. Reihe 1x 4 (5/6) Maschen, 2x 3 Maschen, 2x 2 Maschen, in jeder 4. Reihe 3x 1 Masche abketten. Die Schulterschrägen wie beim Rückenteil arbeiten.

Für die **Ärmel** je 65 (67/69) Maschen in Grün mit der Rundstricknadel in 4 mm anschlagen und zunächst 2 Reihen glatt rechts stricken. Dann weiter glatt rechts in der Farbfolge arbeiten, dabei für die Armschrägen beidseitig 8x in jeder 4. Reihe je 1 Masche wie folgt abnehmen: Randm, 1 Masche rechts, 1 Überzug (= 1 Masche wie zum Rechtsstricken abheben, 1 Masche rechts stricken, dann die abgehobene Masche überziehen), bis zu den letzten 4 Maschen rechts stricken, 2 Maschen rechts zusammenstricken, 1 Masche rechts, 1 Randm = 49 (51/53) Maschen.
Nach Ende der Streifenfolge zur Rundstricknadel in 4,5 mm wechseln und in Graublau in folgender Mustereinteilung arbeiten: 1 Randm, 7 (8/9) Maschen rechts, 4 Maschen Lochmusterstreifen, 25 Maschen Blattmuster, 4 Maschen Lochmusterstreifen, 7 (8/9) Maschen rechts, 1 Randm. Für die Armschrägen 11x in jeder 8. Reihen (6x in jeder 8. Reihe und 6x in jeder 6. Reihe / 13x in jeder 6. Reihen) an beiden Seiten je 1 Masche zunehmen = 71 (75/79) M. In einer Höhe von 46 cm ab Anschlag (= 34 cm ab Ende Bündchen) alle Maschen abketten.

BLATTMUSTERSTREIFEN

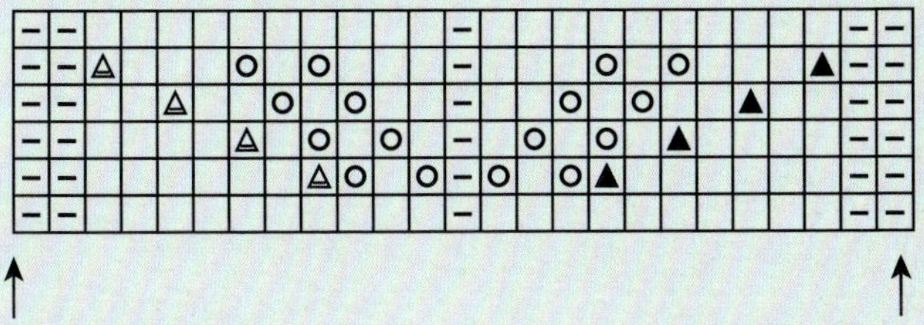

LOCHMUSTERSTREIFEN

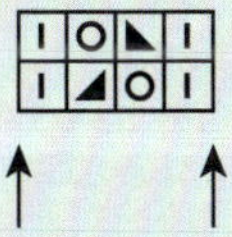

ZEICHENERKLÄRUNG:

□ = 1 Masche rechts

| = 1 Masche rechts verschränkt

– = 1 Masche links

○ = 1 Umschlag

◢ = 2 Maschen rechts zusammenstricken

◣ = 1 Überzug (= 1 Masche wie zum Rechtsstricken abheben, 1 Masche rechts stricken, dann die abgehobene Masche überziehen)

△ = 3 Maschen rechts überzogen zusammenstricken (= 1 Masche wie zum Rechtsstricken abheben, 2 Maschen rechts zusammenstricken, dann die abgehobene Masche überziehen)

▲ = 3 Maschen rechts zusammenstricken

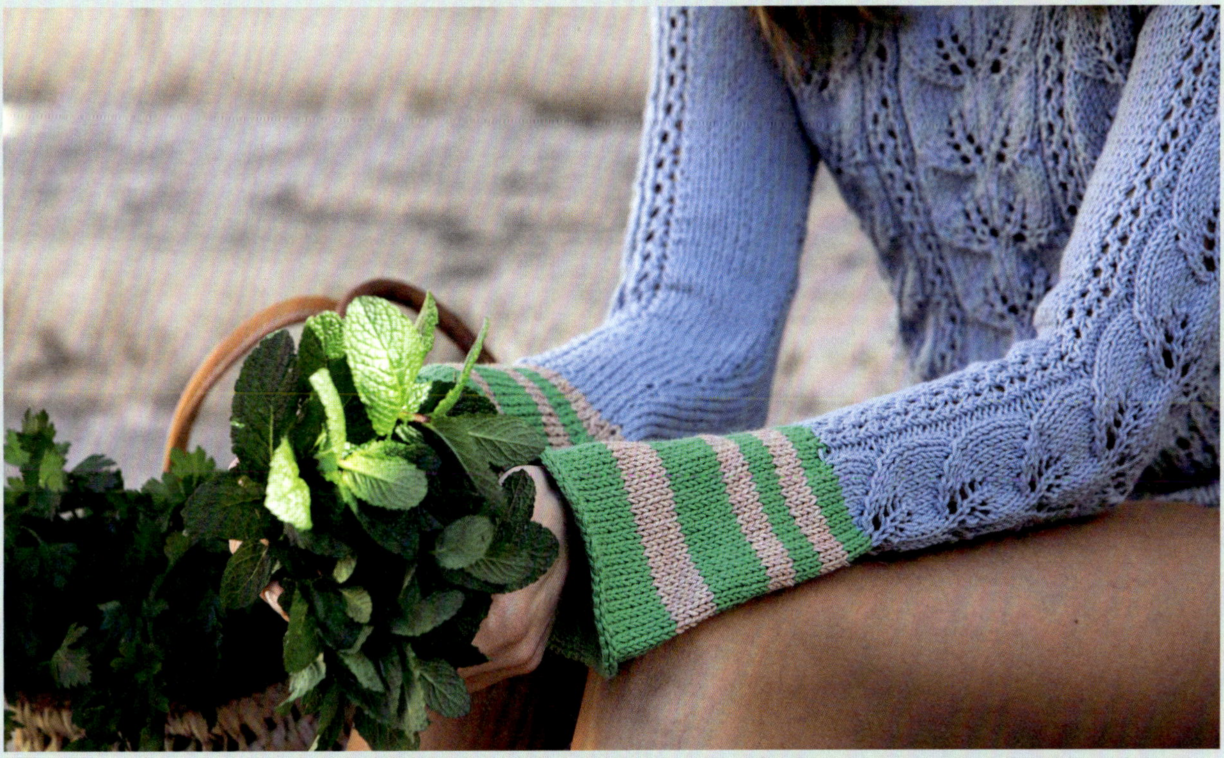

AUSARBEITUNG

Die Seiten- und Schulternähte schließen. Aus dem Halsausschnitt mit der Rundstricknadel in 4 mm 100 (104/108) Maschen in Graublau aufnehmen (Maschenzahl teilbar durch 4!) und 3 cm im Bündchenmuster in Runden stricken. Dann alle Maschen abketten. Die Ärmelnähte schließen und die Ärmel einnähen.

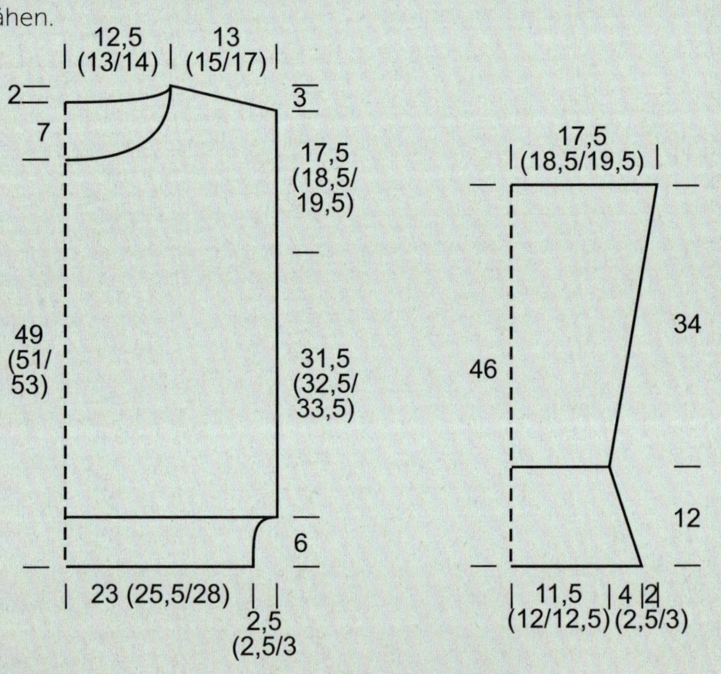

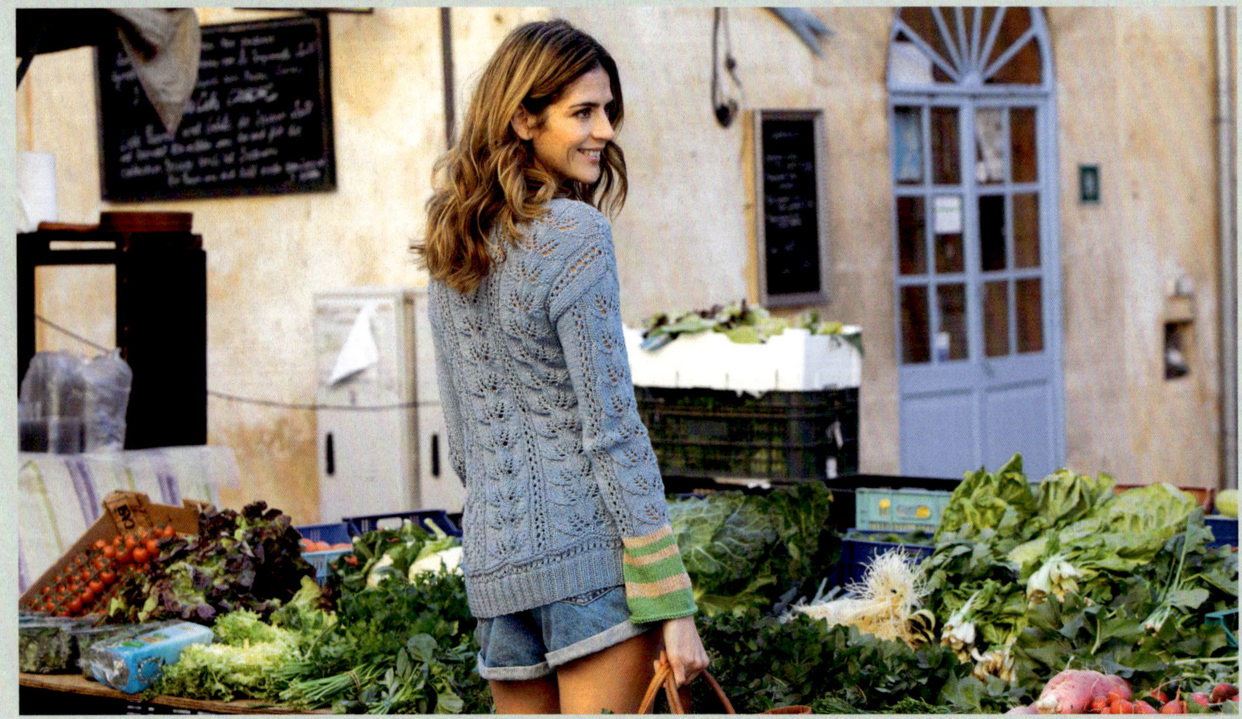

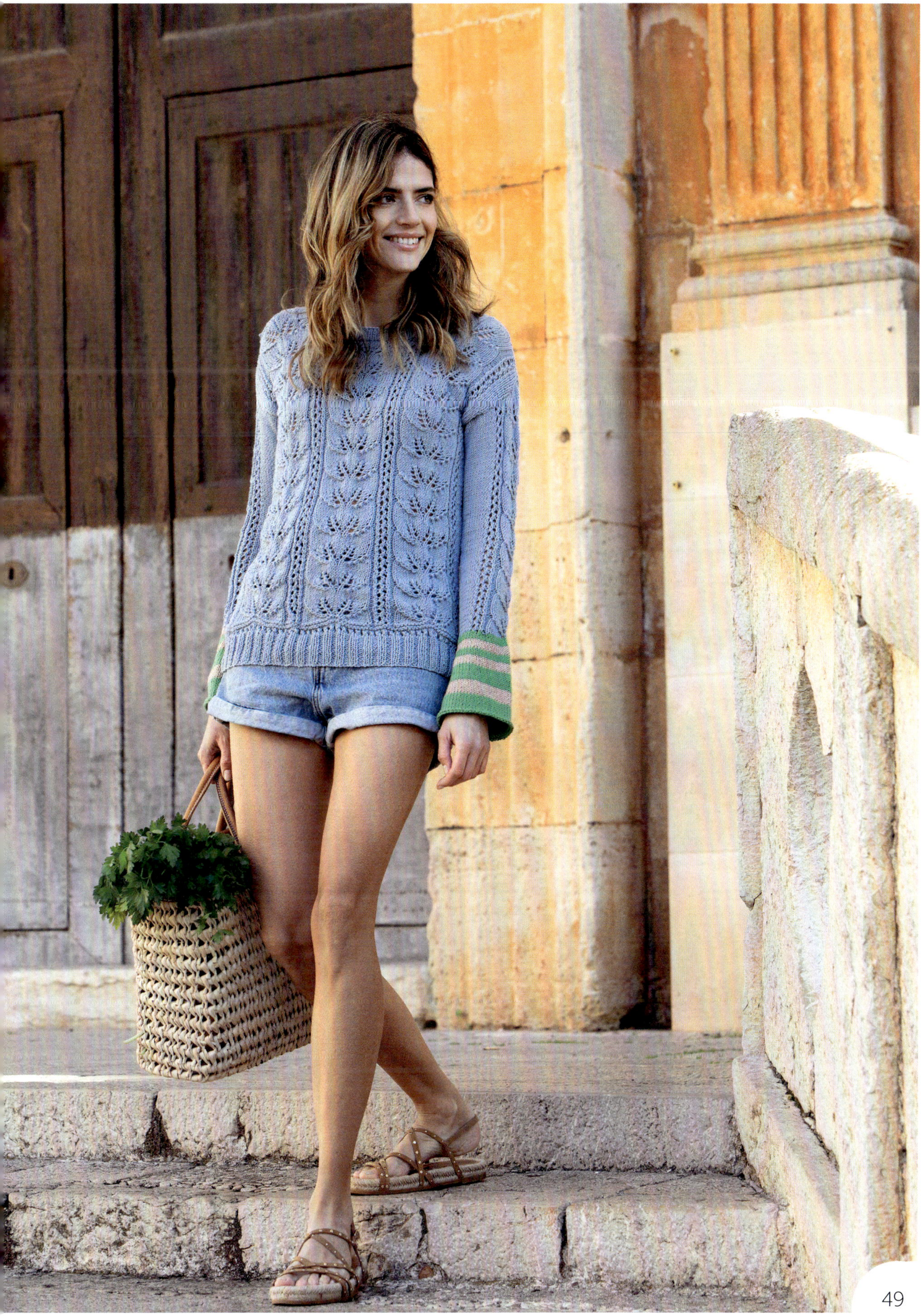

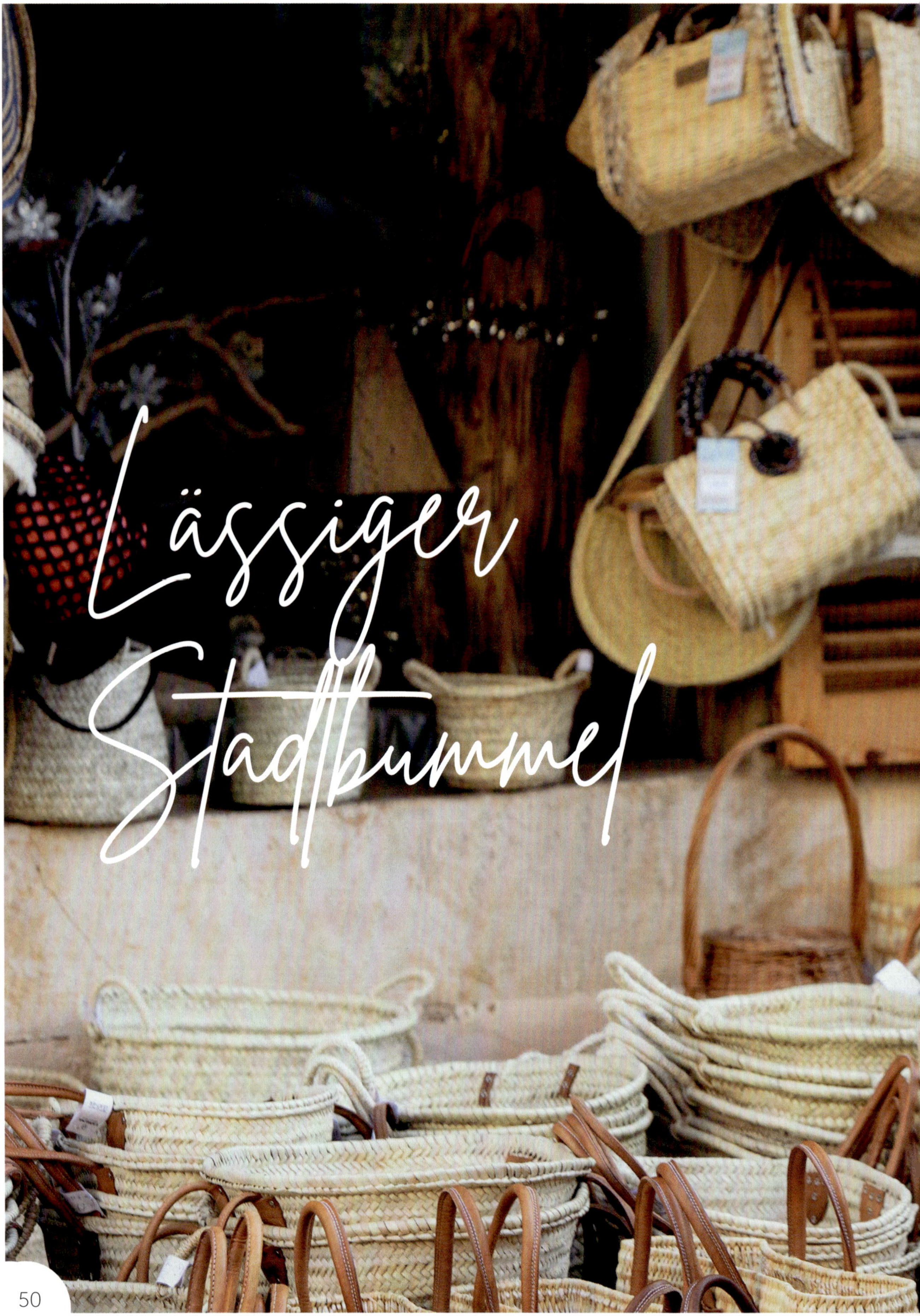

Lässiger Stadtbummel

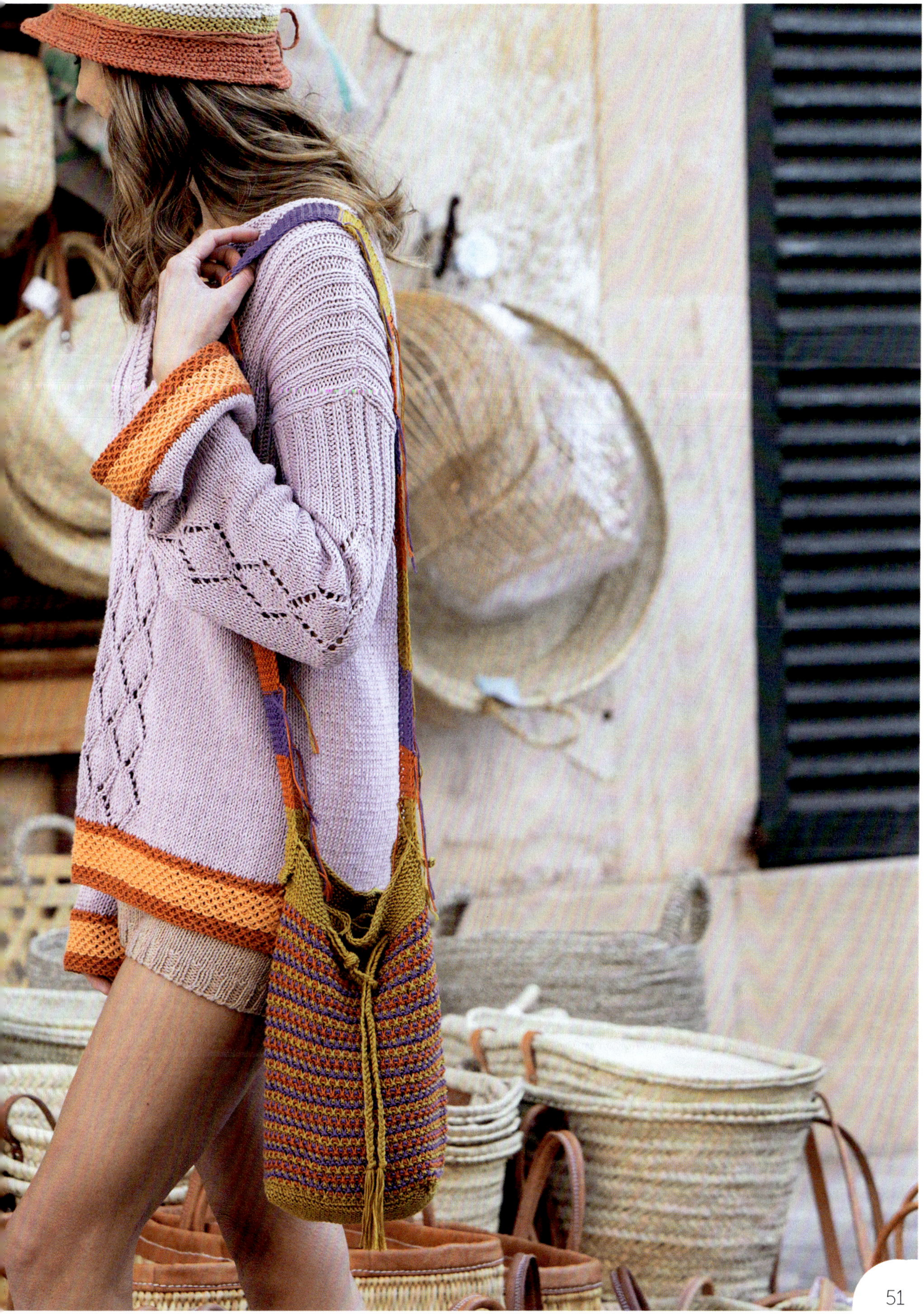

Luftiger Pullover

36/38 - 40/42 - 44

Die Angaben für die kleinste Größe stehen vor der Klammer, die für die beiden größeren Größen aufsteigend und von einem / getrennt in den Klammern. Wird nur eine Angabe gemacht, gilt diese für alle Größen.

MATERIAL

Linova (74 % Baumwolle, 26 % Leinen, LL = 100 m/50 g) von ggh: 600 (650/650) g Flieder (Fb 069), je 50 (100/100) g Mandarine (Fb 072) und Gebranntes Ocker (Fb 023); Rundstricknadel in 4 mm und 4,5 mm.

GRUNDMUSTER

Rippenmuster (Passe): 1 Randm, 2 Maschen rechts, 2 Maschen links im Wechsel stricken, mit 2 Maschen rechts und 1 Randm enden.
Kraus rechts: In Hin- und Rückreihen rechte Maschen stricken.

BESONDERE MUSTER UND MASCHEN

Ajourmusterstreifen 1 und 2:
Nach Strickschrift arbeiten. Es sind nur die Hinreihen gezeichnet. In den Rückreihen alle Maschen und Umschläge links stricken. An Vorder- und Rückenteil 1x alle 35 notierten Maschen des Ajourmusterstreifens 1 arbeiten, am Ärmel 1x alle 11 Maschen des Ajourmusterstreifen 2 arbeiten.

Bündchenmuster
(ungerade Maschenzahl)
1. Reihe (Hinreihe): 1 Randm, alle Maschen rechts stricken, 1 Randm. **2. Reihe (Rückreihe):** 1 Randm, 1 Masche rechts, * 1 Masche mit dem Faden hinter der Arbeit links abheben, 1 Masche rechts stricken; ab * stets wiederholen, 1 Randm.
3. Reihe: 1 Randm, alle Maschen rechts stricken, 1 Randm. **4. Reihe:** 1 Randm, * 1 Masche mit dem Faden hinter der Arbeit links abheben, 1 Masche rechts; ab * wiederholen, 1 Masche mit dem Faden hinter der Arbeit links abheben, 1 Randm.
Die 1.- 4. Reihe stets wiederholen.

FARBFOLGE

6 Reihen in Gebranntes Ocker, 14 Reihen in Mandarine, 4 Reihen in Gebranntes Ocker = 24 Reihen.

MASCHENPROBE

10 cm hoch und 10 cm breit sind **glatt rechts** (4,5 mm) und im **Ajourmuster** (4,5 mm): 19,5 Maschen und 26 Reihen; im **Bündchenmuster** (4,5 mm): 19 Maschen und 43 Reihen; im **Rippenmuster** (4 mm): 20 Maschen und 26 Reihen.

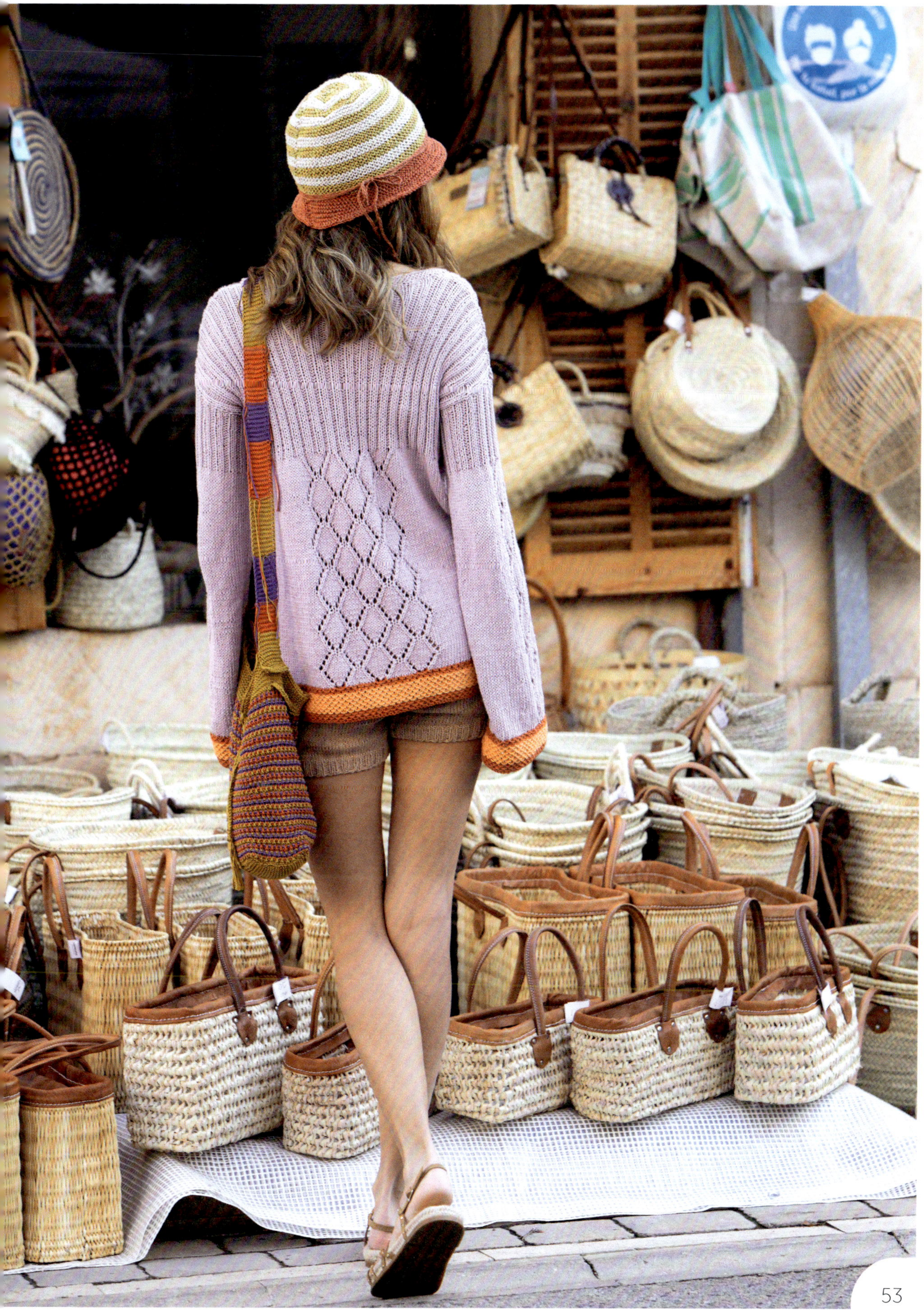

ANLEITUNG

Für das **Rückenteil** 103 (109/115) Maschen in Gebranntem Ocker mit der Rundstricknadel in 4,5 mm anschlagen und die 24 Reihen der Farbfolge im Bündchenmuster stricken (= 5,5 cm Höhe). Dann in Flieder weiterarbeiten und die Maschen wie folgt weiter einteilen: 1 Randm, 33 (36/39) Maschen glatt rechts, die mittleren 35 Maschen im Ajourmusterstreifen 1 nach Strickschrift stricken, 33 (36/39) Maschen glatt rechts, 1 Randm. Nach 88 Reihen (= 5x die 1.-16. Reihe und noch 1x die 1.-8. Reihe des Ajourmusters) und 38,5 cm ab Anschlag mit der Rundstricknadel in 4 mm im Rippenmuster weiterarbeiten, dabei in der 1. Reihe 1 Masche zunehmen (1 Masche abnehmen / 1 Masche zunehmen) = 104/108/116 Maschen. In einer Höhe von 60 (61,5/63) cm für die **Schulterschrägen** in jeder 2. Reihe beidseitig 2x je 11 Maschen und 1x 12 Maschen (3x 12 Maschen / 2x 13 Maschen und 1x 14 Maschen) abketten. Gleichzeitig mit Beginn der Schulterabnahmen für den rückwärtigen **Halsausschnitt** die mittleren 18 Maschen abketten und beide Schulterseiten getrennt fertigstellen, dabei jeweils an der Halsausschnittseite in jeder 2. Reihe 1x 4 Maschen und 1x 5 Maschen abnehmen.

Das **Vorderteil** zunächst wie das Rückenteil arbeiten. Für den vorderen Schlitz bei Beginn des Rippenmusters in einer Höhe von 38,5 cm die Arbeit in einer Hinreihe teilen und beide Seiten getrennt fertigstellen, dabei wie beim Rückenteil im Rippenmuster arbeiten und die letzten bzw. ersten 5 Maschen am inneren Strickrand für die Schlitzblende kraus rechts stricken (das Rippenmuster beginnt und endet jeweils mit 2 Maschen rechts). Für den vorderen **Halsausschnitt** in 16 (16,5/17) cm Höhe ab der Teilung und 54,5 (56/57,5) cm ab Anschlag am inneren Rand in jeder 2. R 1x 5 Maschen, 1x 4 Maschen, 1x 3 Maschen, 1x 2 Maschen und 4x 1 Masche abnehmen. Gleichzeitig in einer Höhe von 60 (61,5/63) cm die **Schulterschrägen** wie beim Rückenteil arbeiten.

Für die **Ärmel** jeweils 75 (77/79) Maschen mit der Rundstricknadel in 4,5 mm in Gebranntem Ocker anschlagen und die 24 Reihen der Farbfolge im Bündchenmuster stricken (= 5,5 cm Höhe). In Flieder weiterarbeiten und die Maschen zunächst wie folgt weiter einteilen: 1 Randm, 31 (32/33) Maschen glatt rechts, 11 Maschen Ajourmusterstreifen 2, 31 (32/33) Maschen glatt rechts, Randm arbeiten.
Diese Mustereinteilung beibehalten, dabei für die Ärmelschräge 8x in jeder 10. Reihen (7x in jeder 12. Reihe / 6x in jeder 14. Reihe) bis 6 Maschen vor den Maschen im Ajourmuster arbeiten, 1 Überzug (= 1 Masche wie zum Rechtsstricken abheben, 1 Masche rechts stricken, dann die abgehobene Masche überziehen), 4 Maschen rechts, 11 Maschen im Ajourmuster, 4 Maschen rechts, 2 Maschen rechts zusammenstricken = 59/63/67 Maschen. In einer Höhe von 43,5 cm ab Anschlag (6x die 1.-16. Reihe des Ajourmusters) im Rippenmuster weiterarbeiten, dafür in der 1.Reihe 1 Masche zunehmen = 60 (64/68) Maschen. In 52 cm Gesamthöhe alle Maschen abketten.
▶

AJOURMUSTERSTREIFEN 1

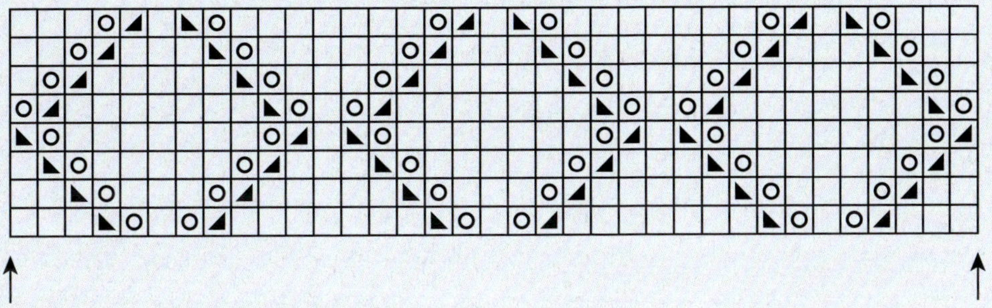

AJOURMUSTERSTREIFEN 2

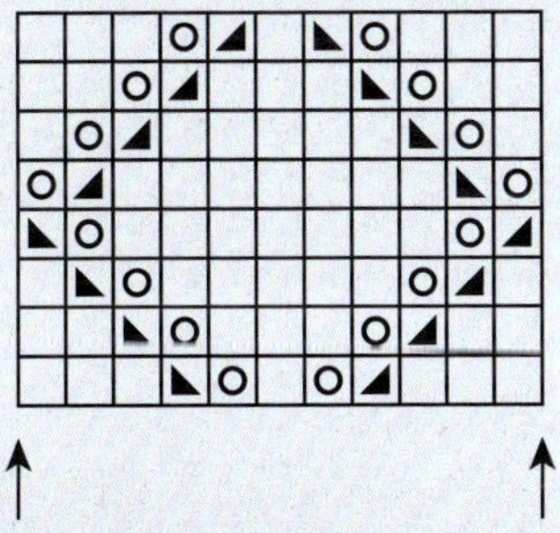

ZEICHENERKLÄRUNG:

□ = 1 Masche rechts

○ = 1 Umschlag

◢ = 2 Maschen rechts zusammenstricken

◣ = 1 Überzug (= 1 Masche wie zum Rechtsstricken abheben, 1 Masche rechts stricken, dann die abgehobene Masche rechts überziehen)

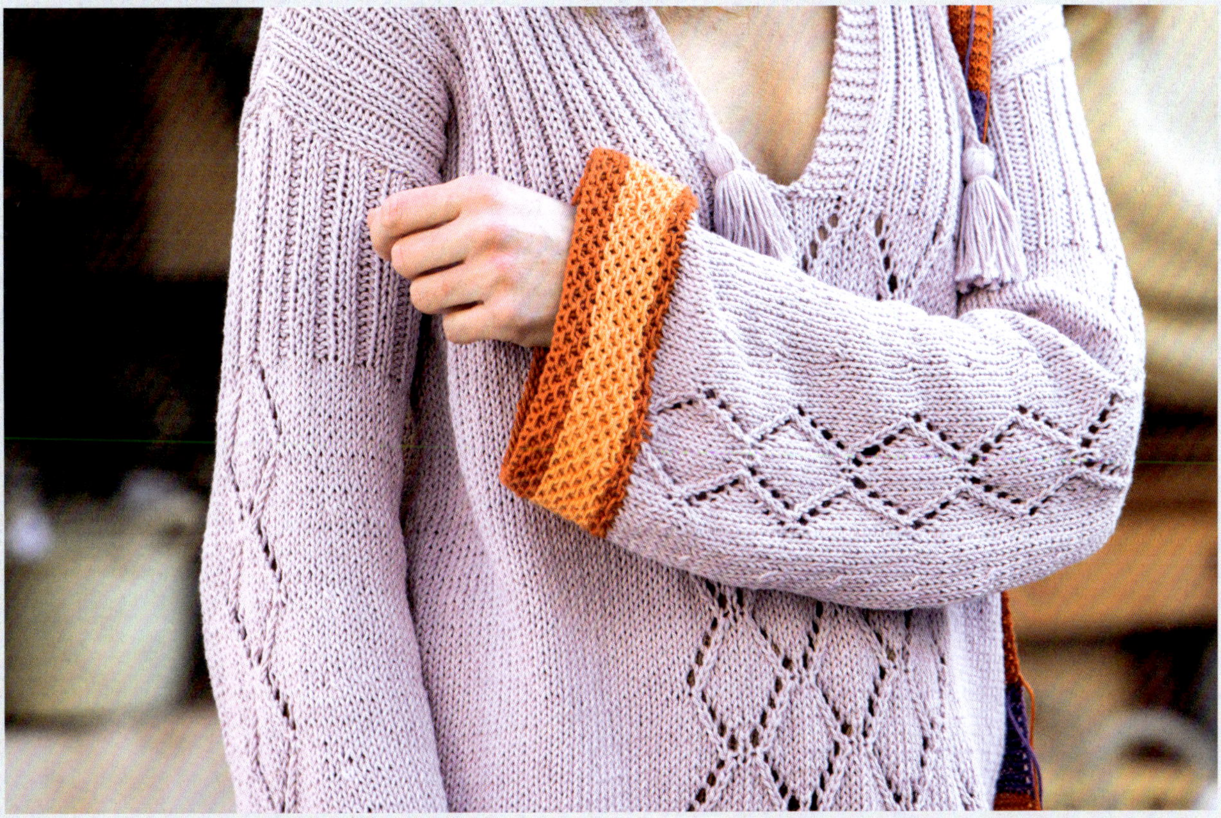

AUSARBEITUNG

Alle Nähte schließen. Aus dem Halsausschnitt mit der Rundstricknadel in 4 mm 98 Maschen aufnehmen und 2,5 cm kraus rechts stricken. Dann alle Maschen locker abketten.

2 ca. 6 cm lange Quasten anfertigen. Für jede Quaste auf die obere Kante einer 6,5 cm langen Pappe je 3 ca. 60 cm lange Fäden legen und beides ca. 30-35-mal mit dem Garn umwickeln. Das Fadenbündel an der unteren Kante der Pappe durchschneiden und ca. 1 cm vom oberen Bruch fest abbinden. Die langen Fäden fest verknoten, dann die 6 Fäden in 3 Teile teilen und zu einem kleinen Zopf (ca. 12 cm) flechten. Die Quasten mit den Zopfbändchen am Ausschnitt Ansatzkante Halsausschnittbündchen festnähen.

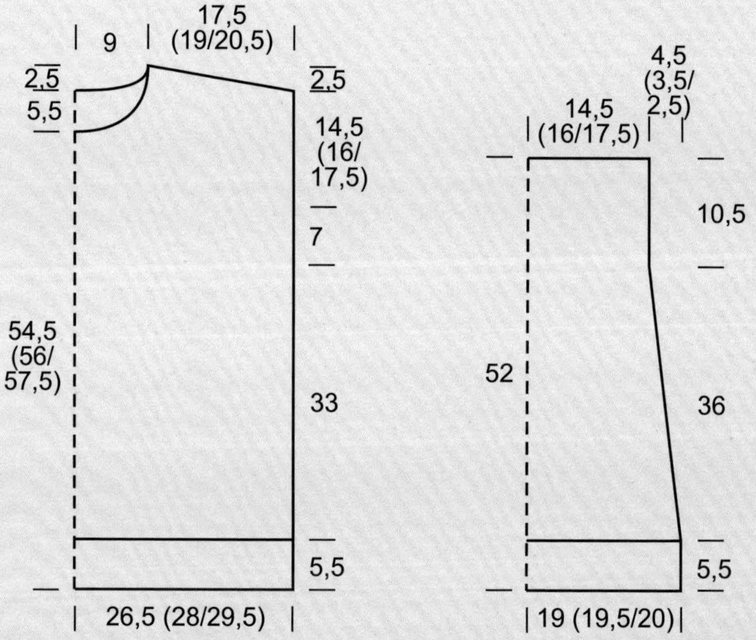

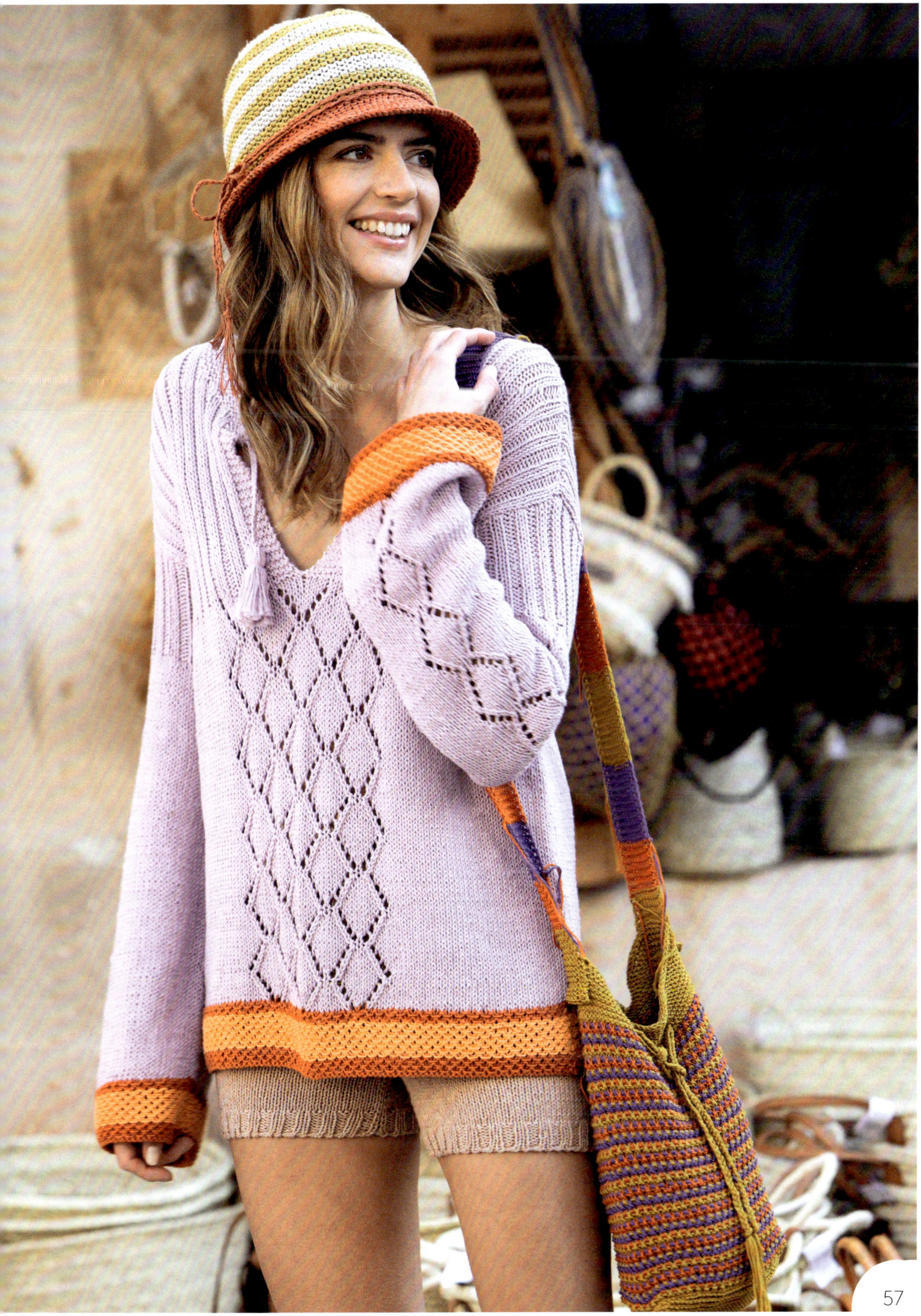

Gestreifter Sommerhut

Einheitsgröße ca. 52 – 56 cm

MATERIAL

Canapa (100 % Hanf, LL = 80 m/25 g) von Langyarns: je 50 g Senf (Fb 0011), Sand (Fb 0096) und Nougat (Fb 0015); Quattro (100 % Baumwolle, LL = 120 m/50 g) von Langyarns: je 50 g Senf (Fb 0011), Flachs (Fb 0026) und Blutorange (Fb 0015); Rundstricknadel in 3 mm, 40 cm lang; Nadelspiel in 3,5 mm; durchsichtiger Hutdraht aus Plasik 1,5 mm, ca. 80 cm; 1 Verbindungshülse.

GRUNDMUSTER

Kraus rechts in Runden: 1 Runde rechte Maschen, 1 Runde linke Maschen im Wechsel stricken.

STREIFENFOLGE

Stets 3- fädig mit je 2 Fäden Canapa (= 1. Farbe) und 1 Faden Quattro (= 2. Farbe) arbeiten: * 6 Runden in Senf/Senf, 6 Runden in Sand/ Flachs; ab * noch 2x wiederholen, 8 Runden in Senf/Senf = 44 Runden.

MASCHENPROBE

10 cm hoch und 10 cm breit sind **kraus rechts** (3,5 mm): 17 Maschen und 40 Runden.

ANLEITUNG

Stets 3- fädig mit je 2 Fäden Canapa und 1 Faden Quattro in der angegebenen Farbkombination arbeiten:

In der **oberen Hutmitte** beginnen: 8 Maschen in Senf/Senf anschlagen, gleichmäßig auf 4 Nadeln des Nadelspiels verteilen, zur Runde schließen und kraus rechts in Runden rechts nach dem folgenden Zunahmeschema stricken:
1. Runde: Alle Maschen rechts stricken, dabei jede Masche verdoppeln (= 1 Masche rechts stricken, nicht von der linken Nadel heben und noch einmal rechts verschränkt abstricken) = 16 Maschen. **2. Runde und alle folgenden geraden Runden:** Alle Maschen links stricken. **3. Runde:** 8x [2 Maschen rechts, 1 Masche rechts zunehmen (= 1 Masche rechts verschränkt aus dem Querfaden der Vorreihe herausstricken)] = 24 Maschen. **5. Runde:** 8x [3 Maschen rechts, 1 Masche rechts zunehmen] = 32 Maschen **7. Runde:** Mit Sand/ Flachs weiterarbeiten: 8x [4 Maschen rechts, 1 Masche rechts zunehmen] = 40 Maschen. **9. Runde:** 8x [5 Maschen rechts, 1 Masche rechts zunehmen] = 48 Maschen. **11. Runde:** 8x [6 Maschen rechts, 1 Masche rechts zunehmen] = 56 Maschen. **13. Runde:** Mit Senf/Senf weiterarbeiten: Alle Maschen rechts stricken. **15. Runde:** 8x [7 Maschen rechts, 1 Masche rechts zunehmen] = 64 Maschen. **17. Runde:** 8x [8 Maschen rechts, 1 Masche rechts zunehmen] = 72 Masche. **19. Runde:** Mit Sand/Flachs weiterarbeiten: Alle Maschen rechts stricken. ▶

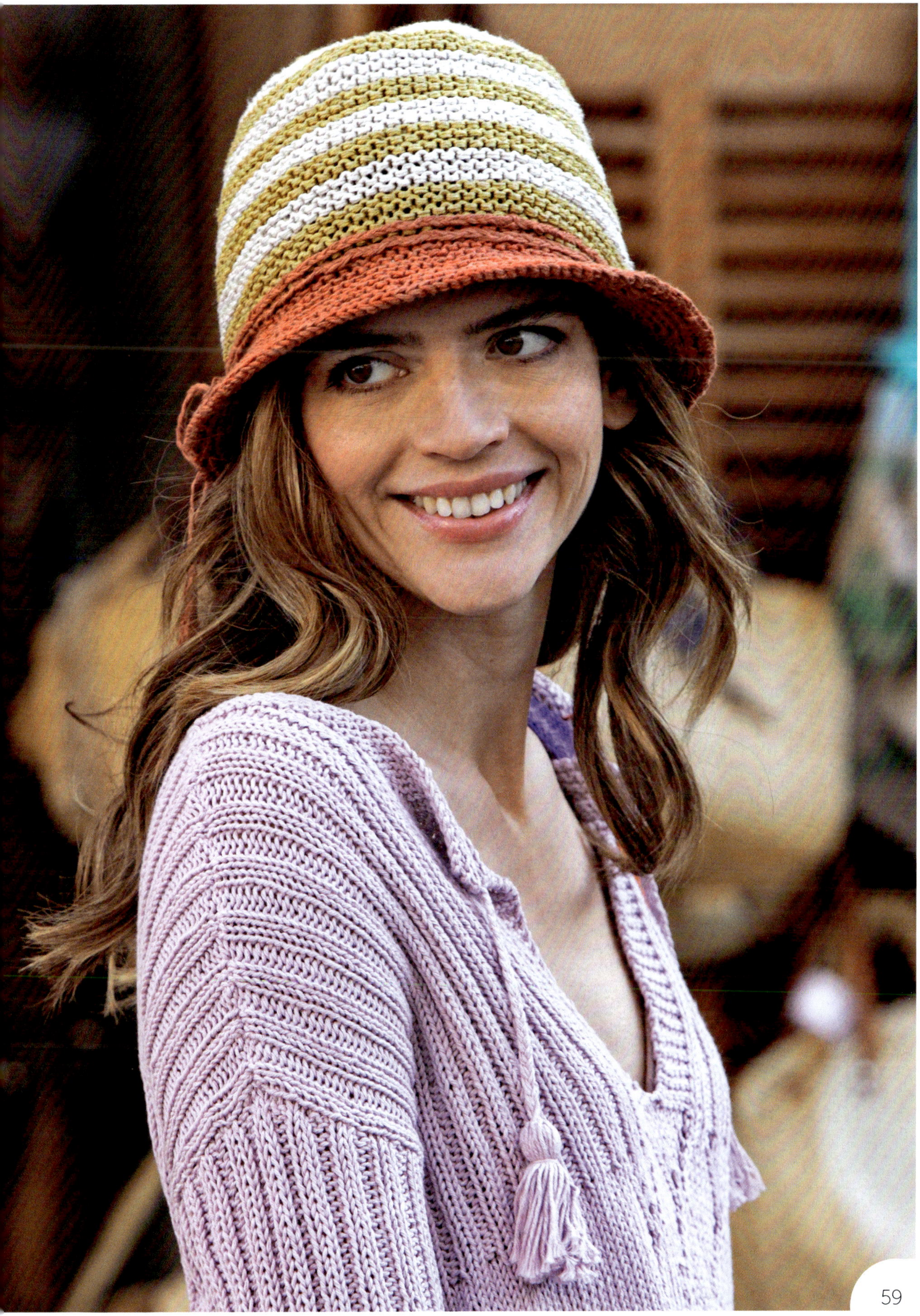

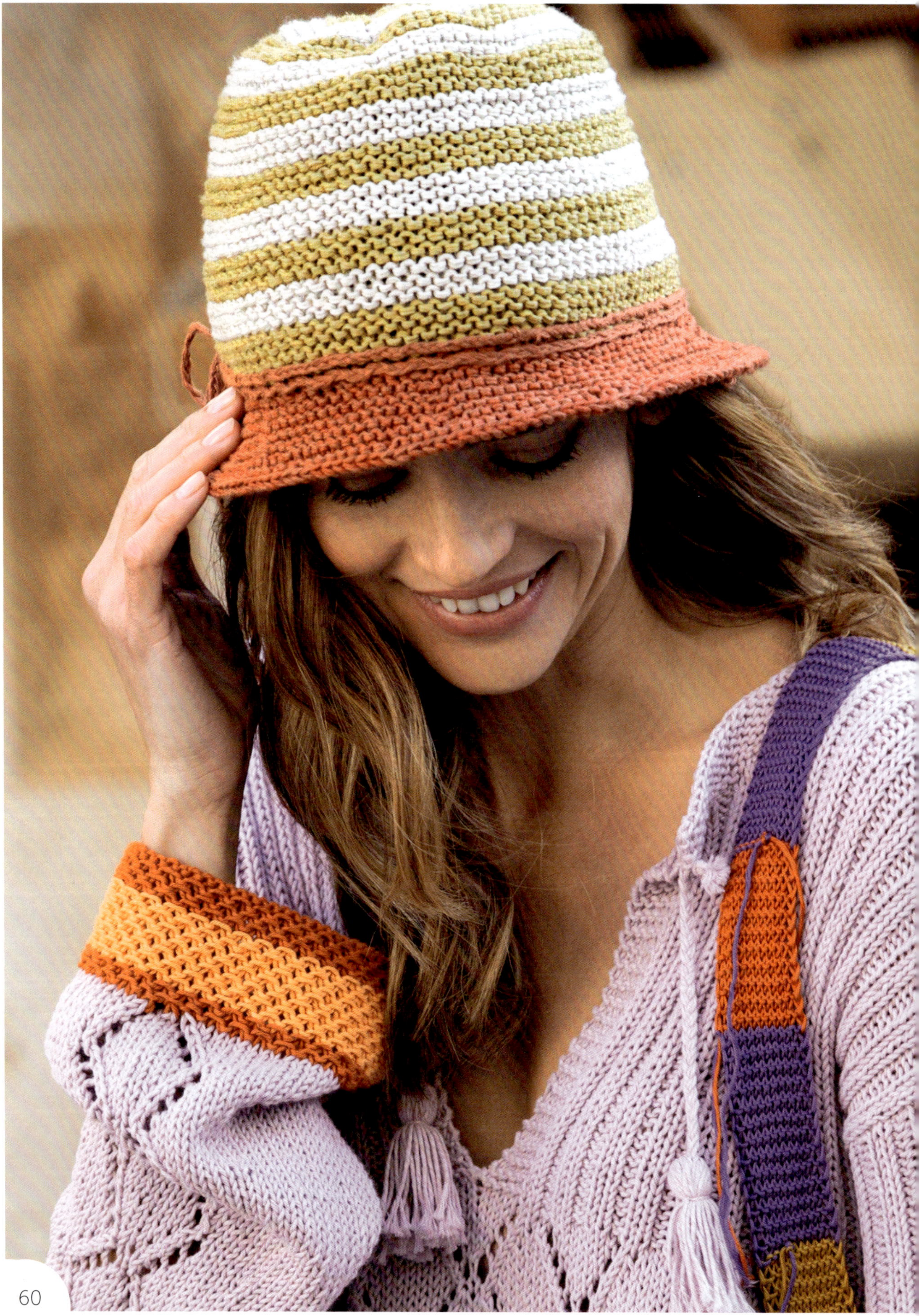

21. Runde: 8x [9 Maschen rechts, 1 Masche rechts zunehmen] = 80 Maschen. **23. Runde:** Alle Maschen rechts stricken. **25. Runde:** Mit Senf/Senf weiterarbeiten: 8x [10 Maschen rechts, 1 Masche rechts zunehmen] = 88 Maschen.

Dann 44 Runden ohne weitere Zunahmen in der Streifenfolge arbeiten.

Anschließend **für die Krempe** auf Nougat/Blutorange und die Rundstricknadel in 3 mm wechseln, weiterhin kraus rechts in Runden stricken (dabei falls nötig, das Seil der Rundstricknadel an einer Stelle als Schlaufe herausziehen, um gut in Runden arbeiten zu können) und ab der 2. Runde in jeder Runde wie folgt jeweils 4 Maschen zunehmen:
2. Runde: 11 Maschen links, 1 Masche rechts zunehmen, 3x [22 Maschen links, 1 Masche rechts zunehmen], 11 Maschen links = 92 Maschen. **3. Runde:** 4x [23 Maschen rechts, 1 Masche rechts zunehmen = 96 Maschen. **4. Runde:** 12 Maschen links, 1 Masche rechts zunehmen, 3x [24 Maschen links, 1 Masche rechts zunehmen], 12 Maschen links = 100 Maschen. **5. Runde:** 4x [25Maschenrechts,1Mascherechtszunehmen] = 104 Maschen. **6. Runde:** 13 Maschen links, 1 Masche rechts zunehmen, 3x [28 Maschen links, 1 Masche rechts zunehmen], 13 Maschen links = 108 Maschen. **7. Runde:** 4x [27 Maschen rechts, 1 Masche rechts zunehmen] = 112 Maschen. **8. Runde:** 14 Maschen links, 1 Masche rechts zunehmen, 3x [28 Maschen links, 1 Masche rechts zunehmen] 14 Maschen links = 116 Maschen. **9. Runde:** 4x [29Maschenrechts,1Mascherechtszunehmen] = 120 Maschen **10. Runde:** 15 Maschen links, 1 Masche rechts zunehmen, 3x [30 Maschen links, 1 Masche rechts zunehmen], 15 Maschen links = 124 Maschen. **11. Runde:** 4x [31 Maschen rechts, 1 Masche rechts zunehmen] = 128 Maschen. **12. Runde:** 16 Maschen links,1Maschezunehmen,3x[32Maschenlinks, 1 Masche rechts zunehmen], 16 Maschen links = 132 Maschen.
13. Runde: 4x [33 Maschen rechts, 1 Masche rechts zunehmen] = 136 Maschen. **14. Runde:** 17 Maschen links, 1 Masche rechts zunehmen, 3x [34 Maschen links, 1 Masche rechts zunehmen], 17 Maschen links = 140 Maschen **15. Runde:** 4x [35 Maschen rechts, 1 Masche rechts zunehmen] = 144 Maschen.
Noch 1 Runde linke Maschen ohne Zunahmen stricken, dann alle Maschen abketten.

AUSARBEITUNG

Den Hutdraht von innen durch die äußeren Maschen der Krempe ziehen und beide Enden mit der Verbindungshülse miteinander verbinden.
9 Fäden in Canapa Nougat mit jeweils ca. 210 cm Länge zuschneiden. Die Fäden ca. 5 cm vom Ende zusammenknoten, jeweils 3 Fäden als einen Strang zusammenlegen und miteinander zu einem ca. 160 cm langen Zopf flechten. Das zweite Ende verknoten und die losen Garnenden an beiden Seiten auf ca. 3 cm kürzen. Den Zopf 2x um den Hut wickeln, die Enden zu einer Schleife binden und an 2 bis 3 Stellen mit ein paar Stichen am Hut befestigen.

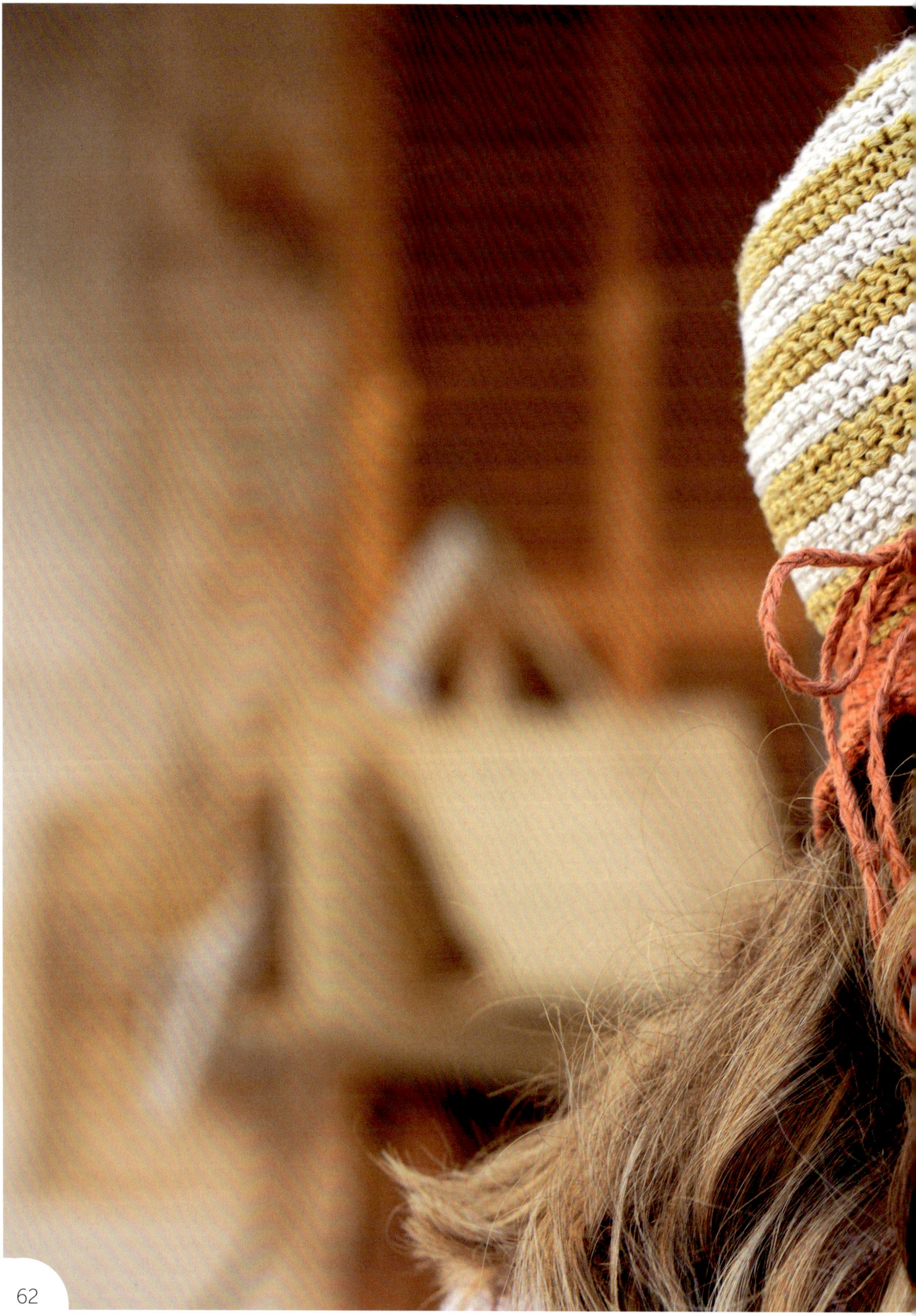

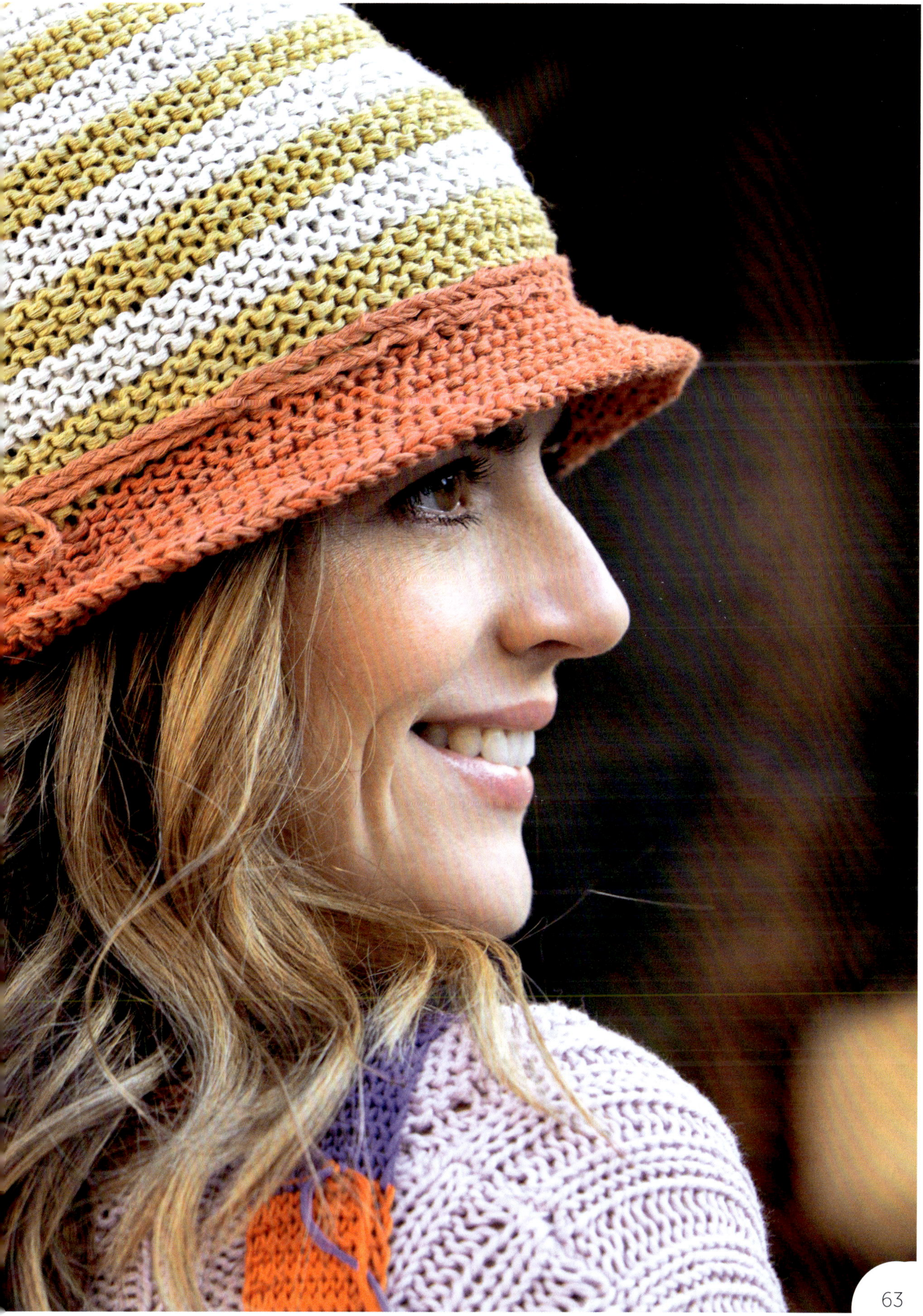

Bunte Bucket Bag

25 cm hoch; Breite 24 cm

MATERIAL

Golf (100 % Baumwolle, LL = 125 m/50 g) von Langyarns: 100 g Ocker (Fb 0111), je 50 g Violett mittel (Fb 0046) und Nougat (Fb 0215); Stricknadel in 3 mm, 3,5 mm und 4 mm.

GRUNDMUSTER

Kraus rechts in Reihen:
In Hin- und Rückreihen rechte Maschen stricken.

BESONDERE MUSTER

Hebemaschenmuster:
Maschenzahl teilbar durch 2 + 3 Maschen + 2 Randm.
Nach Strickschrift arbeiten. Es sind Hin- und Rückreihen gezeichnet. Mit der Randm und der M vor dem rechten Pfeil beginnen, den Rapport von 2 Maschen zwischen den Pfeilen stets wiederholen und mit den Maschen und der Randm nach dem linken Pfeil enden.
Die 1. - 24. Reihe stets wiederholen.

MASCHENPROBE

10 cm hoch und 10 cm breit sind **kraus rechts** (3 mm): 25 Maschen und 48 Reihen und im **Hebemaschenmuster** (4 mm): 23 Maschen und 52 Reihen.

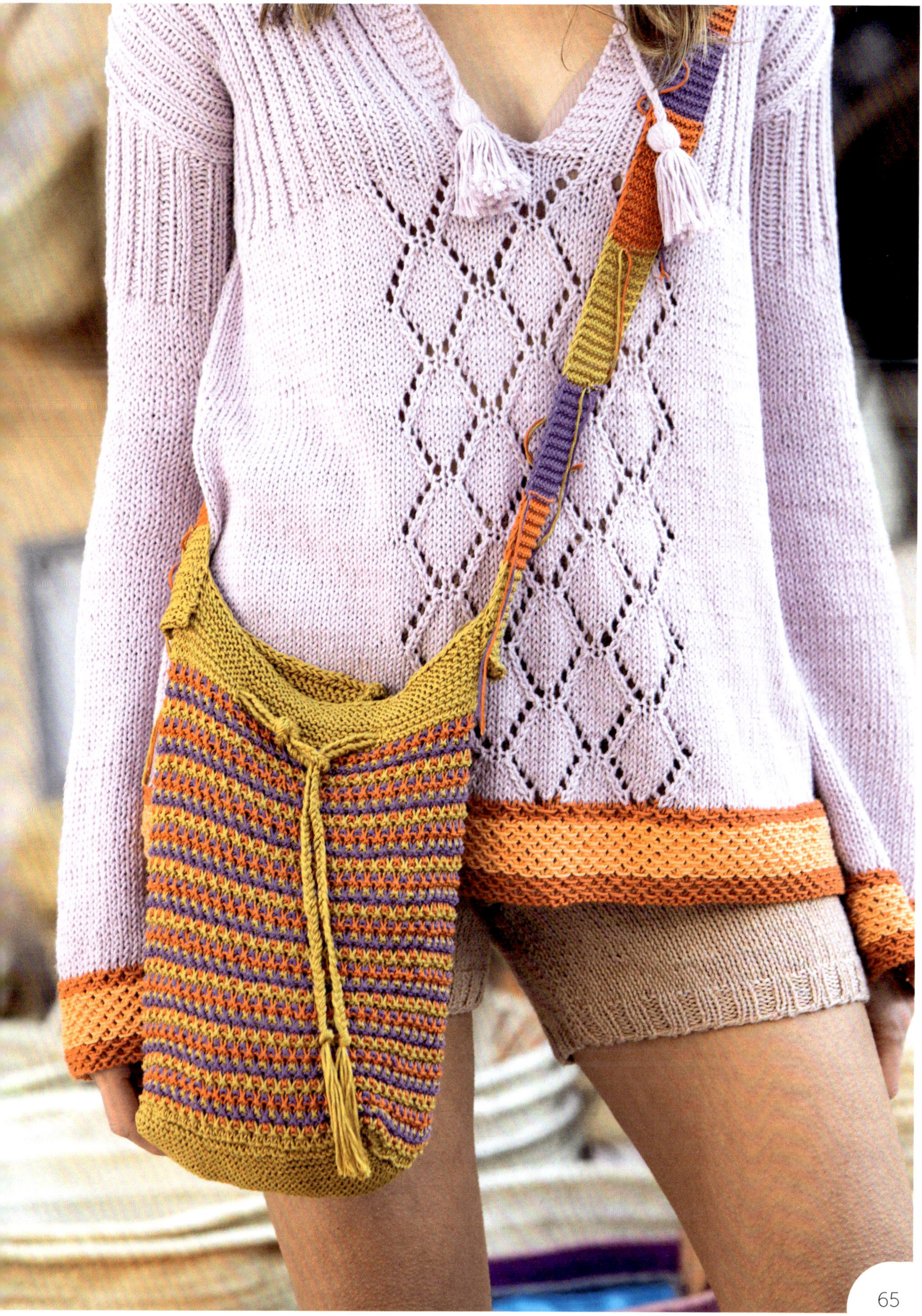

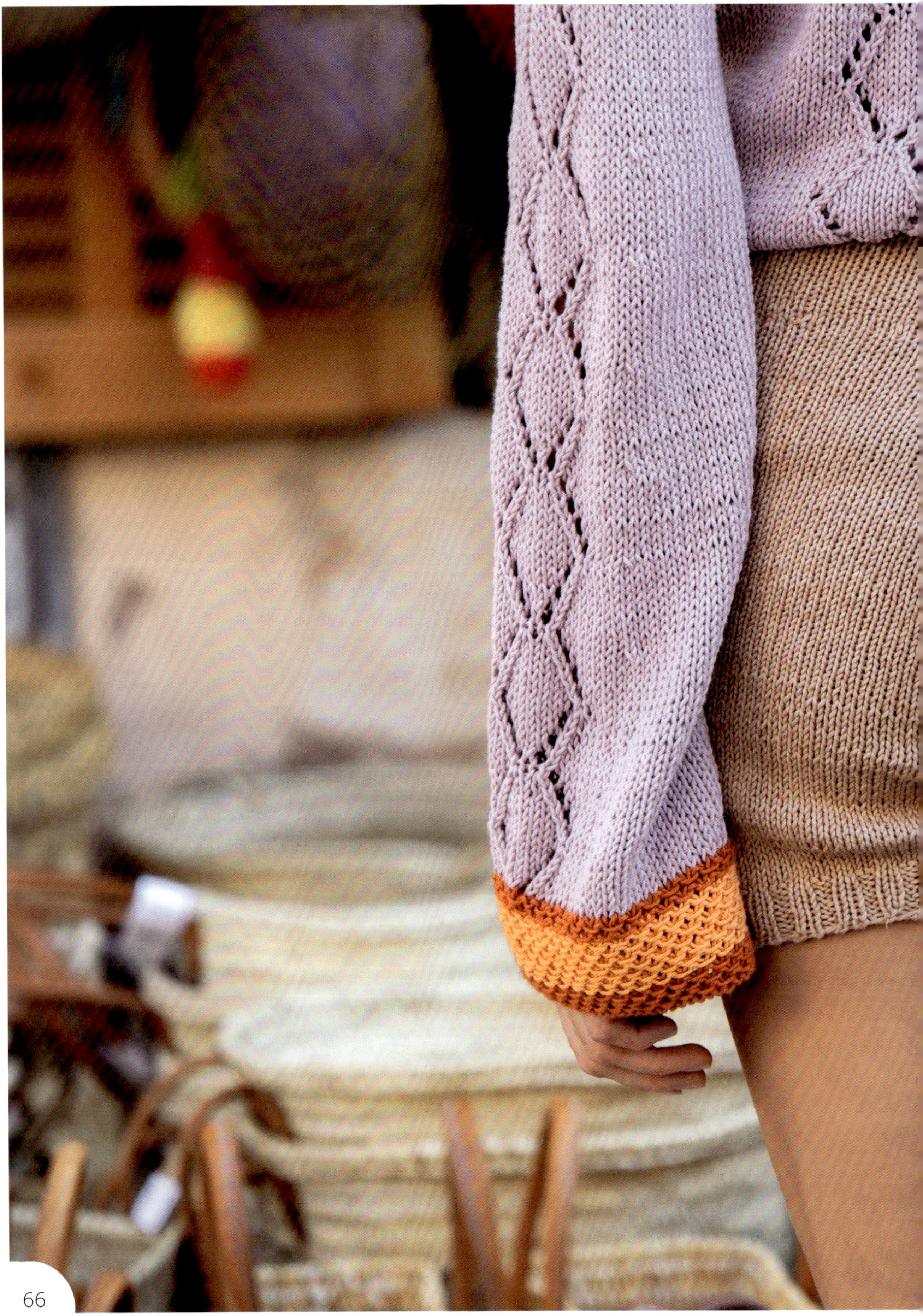

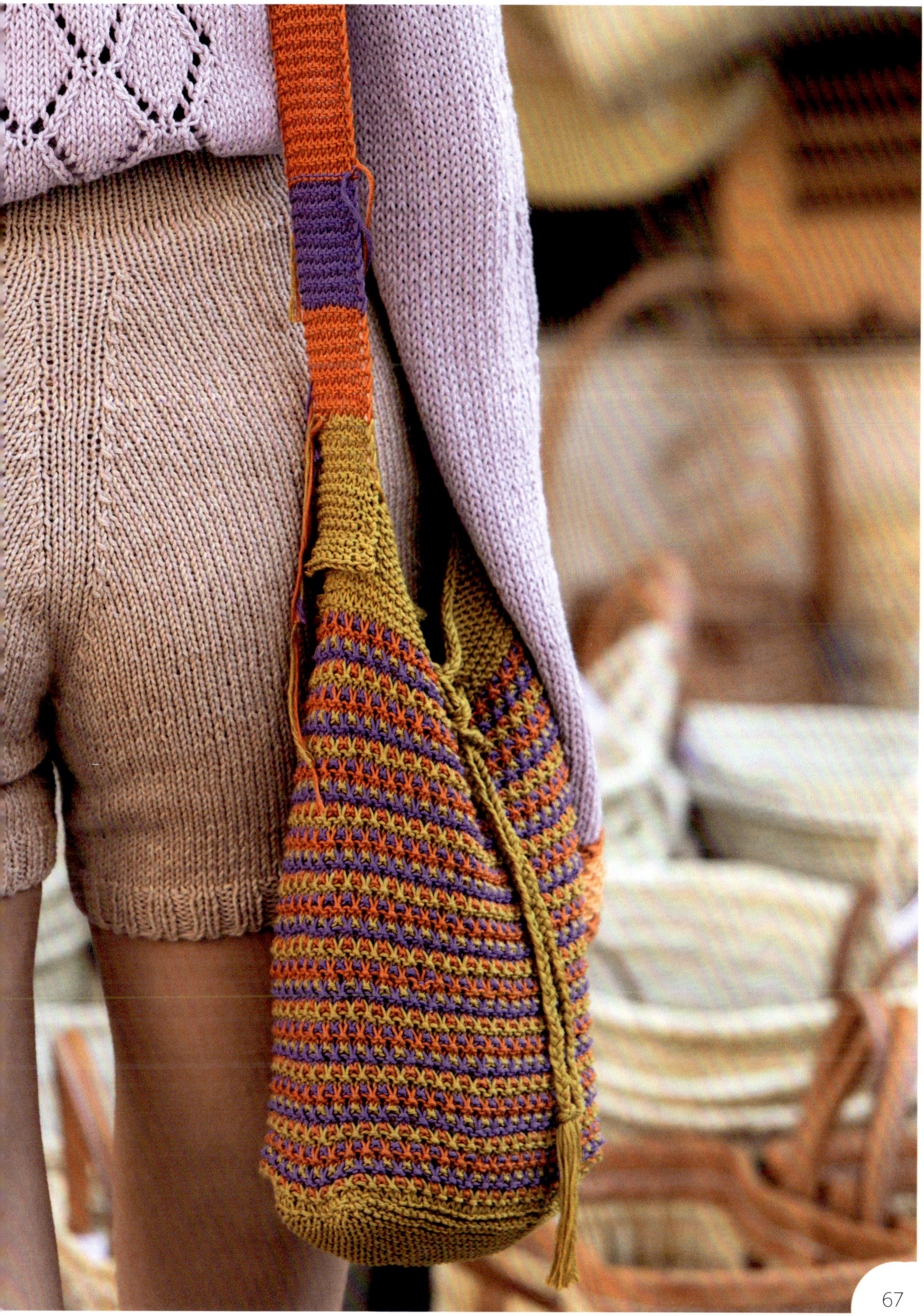

ANLEITUNG

Für den **Taschenrumpf** 113 Maschen in Ocker mit Nadel in 4 mm anschlagen und 4 Reihen kraus rechts stricken. Dann weiter im Hebemaschenmuster nach Strickschrift arbeiten. Nach ca. 20 cm ab Anschlag weiter mit Nadel 3,5 mm in Ocker kraus rechts stricken. In der 3. Reihe wie folgt Löcher für den Kordeldurchzug einarbeiten: 9 Maschen rechts, 1 Masche abketten, 5x [18 Maschen rechts, 1 Masche abketten], 8 Maschen rechts. In der folgenden Rückreihe die abgeketteten Maschen jeweils wieder anschlagen.

Nach insgesamt 3,5 cm in der folgenden Hinreihe in Ocker die Maschen wie folgt mit I-Cord (Strickschnur) abketten: 3 Maschen neu aufstricken (= 3 I-Cord-Maschen), * 2 Maschen rechts stricken, die 3. Masche mit der folgenden Masche rechts verschränkt zusammenstricken, die 3 Maschen wieder auf die linke Nadel heben, den Faden hinter der Arbeit von der 3. zur 1. Masche führen; ab * stets wiederholen, bis nur noch 3 Maschen übrig sind. Die letzten 3 Maschen wie üblich abketten.

Für den **Taschenboden** 40 Maschen in Ocker mit Nadel 3 mm anschlagen und ca. 9 cm kraus rechts stricken. Dann alle Maschen abketten.

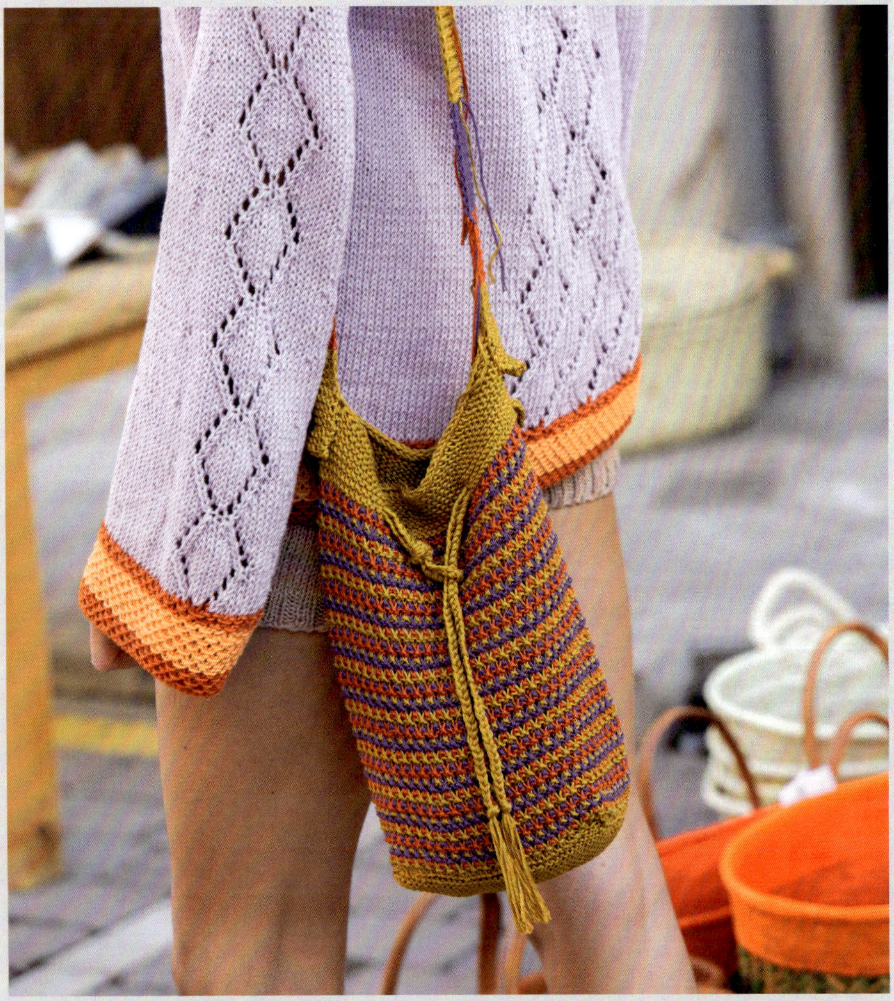

AUSARBEITUNG

Die Seiten des Taschenrumpfes im Matratzenstich aneinandernähen. Dann den Taschenboden an die Anschlagskante des Rumpfs nähen.

Für den Henkel/Gurt 12 Maschen mit Nadel 3 mm in Ocker anschlagen und in beliebiger Farbfolge mit allen 3 Farben ca. 90 cm lang (oder nach Belieben) stricken, dabei beim Farbwechsel die Fäden doppelt miteinander verknoten und hängen lassen. Dann die Maschen abketten. Die Gurte seitlich ca. 3 cm von der oberen Kante entfernt von außen an die Tasche nähen.

Für die Kordel 9 Fäden in Ocker in ca. 250 cm Länge zuschneiden. Am oberen Ende nach ca. 7 cm zusammenknoten und zu einem ca. 140 cm langen Zopf flechten, 7 – 8 cm vor Fadenende das Ende mit einem Knoten blockieren und die Enden gleichmäßig kürzen. Die geflochtene Kordel doppelt legen und von der vorderen Mitte beginnend durch die Löcher ziehen und nach Belieben verknoten.

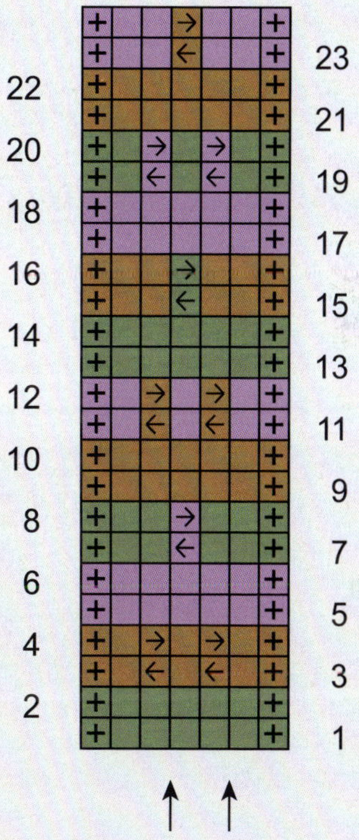

ZEICHENERKLÄRUNG:

- [+] = 1 Randmasche
- [→] = 1 Masche mit dem Faden vor der Arbeit abheben
- [←] = 1 Masche mit dem Faden hinter der Arbeit abheben
- [ ] = 1 Masche rechts
- ■ = Violett mittel
- ■ = Nougat
- ■ = Ocker

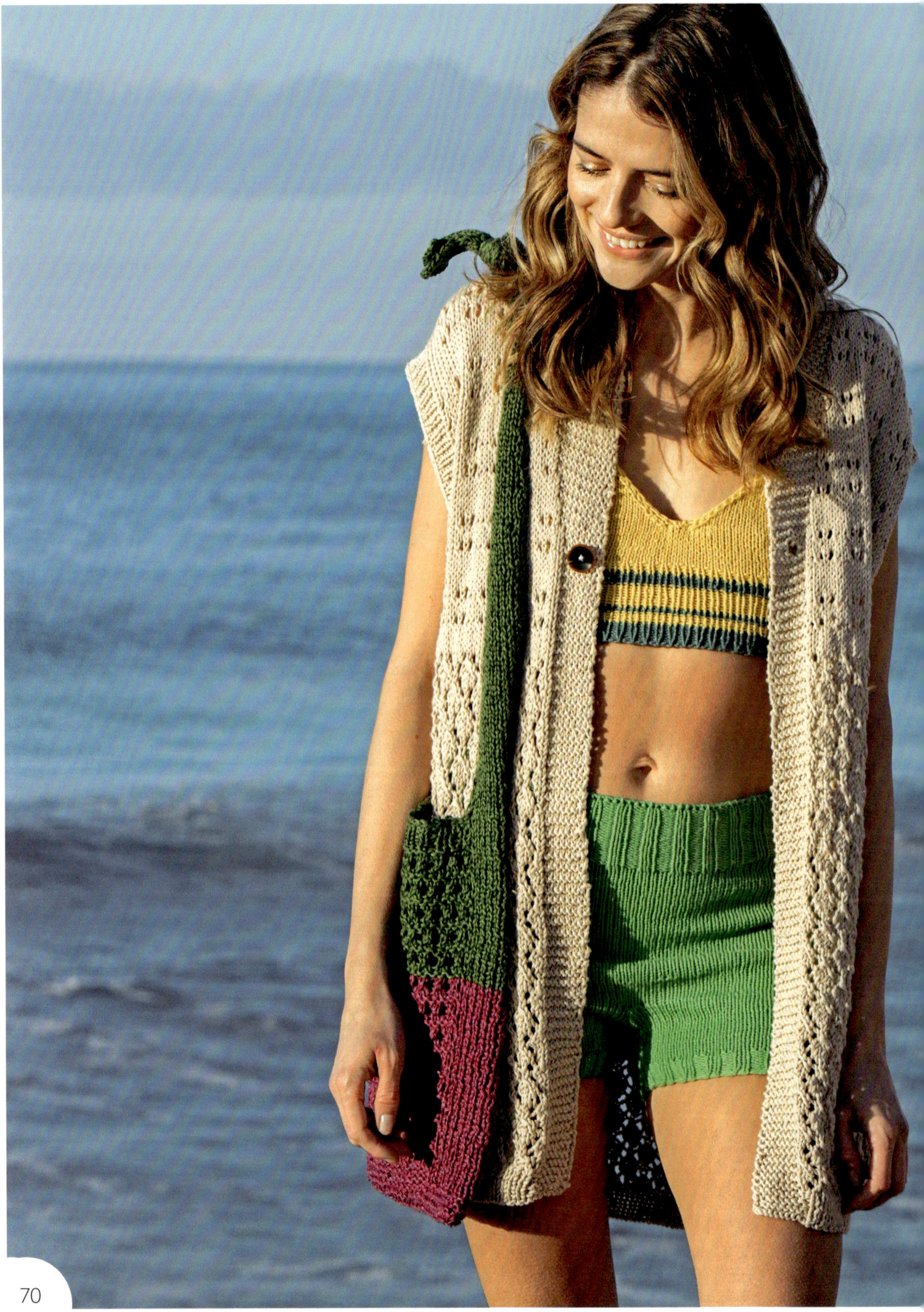

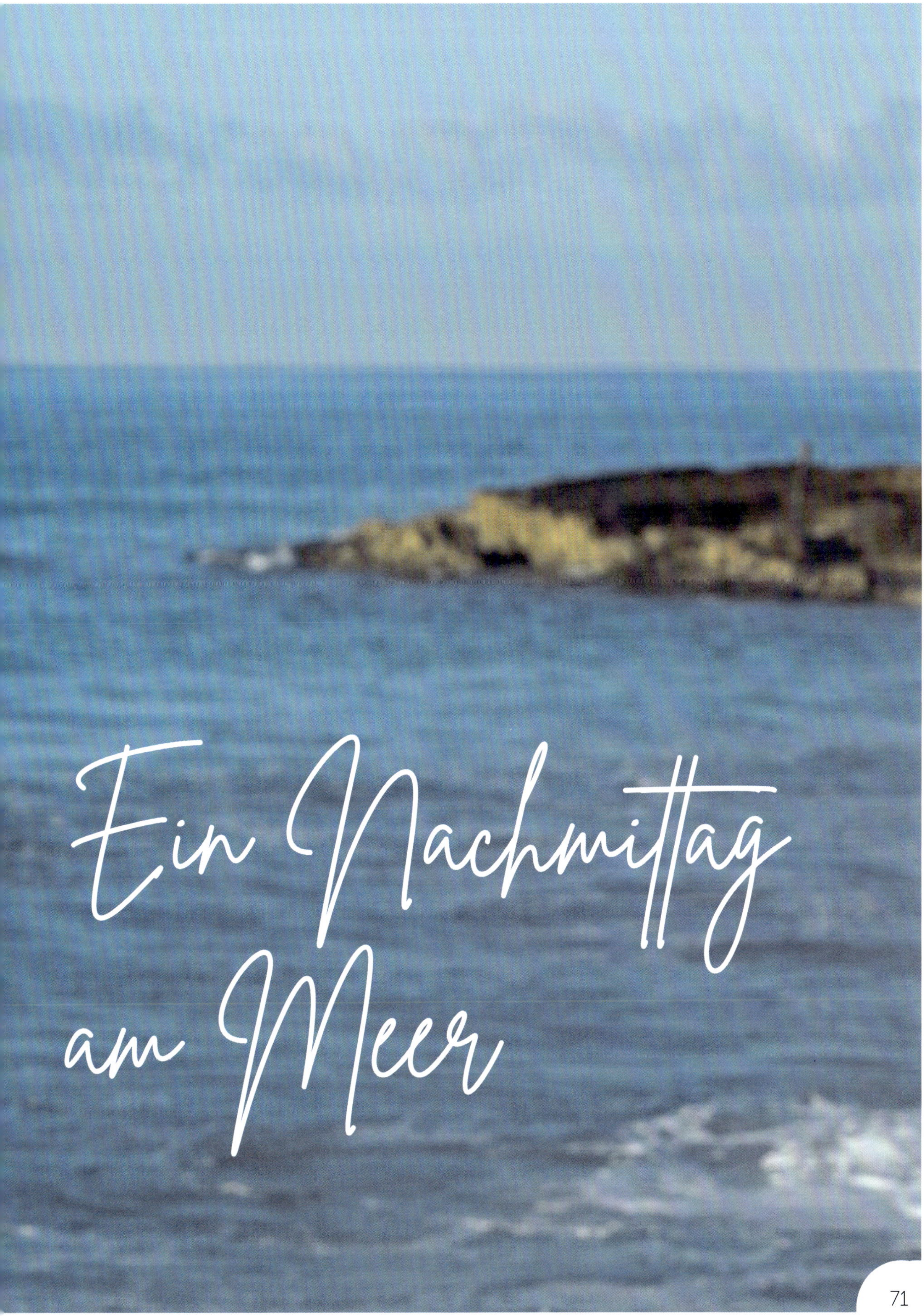

Ein Nachmittag am Meer

Weste mit Lochmustern

34/36 - 38/40 – 42/44

Die Angaben für die kleinste Größe stehen vor der Klammer, die für die beiden größeren Größen aufsteigend und von einem / getrennt in den Klammern. Wird nur eine Angabe gemacht, gilt diese für alle Größen.

MATERIAL

Organico (100 % Bio Baumwolle, LL = 90 m/50 g) von Lana Grossa: 400 (450) g Beige (Fb 100); Rundstricknadel in 5 mm; kurze Rundstricknadel in 4,5 mm; 1 Knopf, 15 mm Durchmesser.

GRUNDMUSTER

Kraus rechts in Reihen (Blende):
In Hin- und Rückreihen rechte Maschen stricken.
Bündchenmuster: 1 Masche rechts, 1 Masche links im Wechsel stricken. In Rückreihen alle Maschen stricken, wie sie erscheinen.

BESONDERE MUSTER UND MASCHEN

Lochmuster 1:
Maschenzahl teilbar durch 6 + 1 M + 2 Randm
Nach Strickschrift arbeiten. Es sind die Maschen der Hinreihen notiert, in den Rückreihen alle Maschen und Umschläge links stricken.
Mit der Randm und der M vor dem rechten Pfeil beginnen, den Rapport von 6 Maschen stets wiederholen und mit den Maschen nach dem linken Pfeil und der Randm enden.

Lochmuster 2:
Maschenzahl teilbar durch 6 + 1 M + 2 Randm
Nach Strickschrift arbeiten. Es sind die Maschen der Hinreihen notiert, in den Rückreihen alle Maschen und Umschläge links stricken.
Mit der Randm vor dem rechten Pfeil beginnen, den Rapport von 6 Maschen stets wiederholen und mit der Masche nach dem linken Pfeil und der Randm enden.

Knötchenrand (Blende):
Die erste und die letzte Masche jeder Reihe rechts stricken.

MASCHENPROBE

10 cm hoch und 10 cm breit sind im **Lochmuster 1** (5 mm): 16 Maschen und 21 Reihen; im **Lochmuster 2** (5 mm): 16 Maschen und 24 Reihen; im **Rippenmuster** (4,5 mm): 25 Maschen und 28 Reihen.

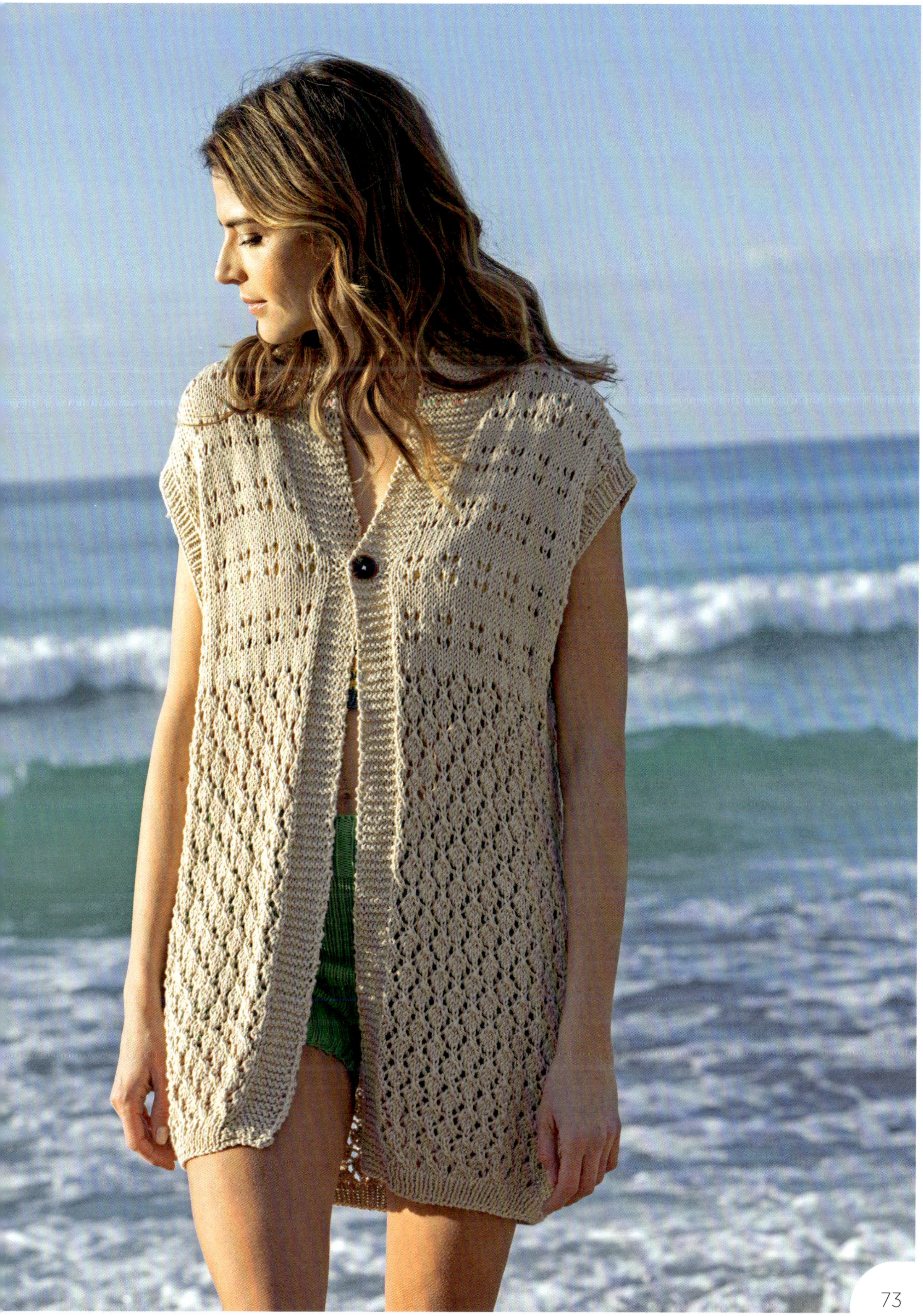

ANLEITUNG

Für das **Rückenteil** 92 (98/104) Maschen anschlagen und 3 cm im Bündchenmuster stricken. Dann 80 Reihen (= 10x die 1.-8. Reihe) im Lochmuster 1 arbeiten, dabei in der 1. Reihe für den Rapport eine Masche zunehmen = 93 (99/105) Maschen, anschließend 4 Reihen glatt rechts, dann im Lochmuster 2 weiterarbeiten. Gleichzeitig für die Seitenschräge in der 11. Reihe (= Hinreihe) ab Bündchen und dann insgesamt noch 8x in jeder 12. Reihe beidseitig je 1 Masche abnehmen (Dabei darauf achten, dass sich Zu- und Abnahmen innerhalb des Musters stets ausgleichen, andernfalls einen Umschlag oder eine Abnahme direkt neben der Randmasche auslassen!) = 75 (81/87) Maschen. Dann ohne Zunahmen weiter gerade hochstricken.
In einer Höhe von 76,5 (78,5/80,5) cm für die **Schulterschrägen** beidseitig in jeder 2. Reihe 3x 8 Maschen (3x 9 Maschen/ 3x 10 Maschen) abketten = 27 Maschen. Dann die verbliebenen Maschen für den rückwärtigen Halsausschnitt abketten.

Für das **linke Vorderteil** 52 (58/64) Maschen anschlagen und die Maschen in der nächsten Reihe (= Hinreihe) wie folgt einteilen: 44 (50/56) Maschen im Bündchenmuster, 8 Maschen für die vordere Jackenkante kraus rechts stricken. Auf diese Weise bis zu einer Bündchenhöhe von 3 cm arbeiten.
Dann 80 Reihen (= 10x die 1.-8. Reihe) im Lochmuster 1 arbeiten (die Blendenmaschen im gesamten Vorderteil weiter kraus rechts stricken), dafür in der 1. Reihe innerhalb des 1. Rapports 1 Masche zunehmen = 53 (59/65) Maschen. Anschließend 4 Reihen glatt rechts, dann im Lochmuster 1 weiterarbeiten. Gleichzeitig für die Seitenschräge in der 11. Reihe (= Hinreihe) ab Bündchen und dann insgesamt noch 8x in jeder 12. Reihe an der rechten Seite je 1 Masche abnehmen (Dabei darauf achten, dass sich Zu- und Abnahmen innerhalb des Musters stets ausgleichen, andernfalls einen Umschlag oder eine Abnahme direkt neben der Randmasche auslassen!) = 44 (50/56) Maschen. Dann ohne Zunahmen weiter gerade hochstricken.

In einer Höhe von 52 cm ab Anschlag die kraus rechts gestrickten Maschen **für die Kragenblende** wie folgt verbreitern: 4x in jeder 4. Reihe und 8x in jeder 6. Reihe (10x in jeder 4. Reihe und 5x in jeder 6. Reihe/ 18x in jeder 4. Reihe) die kraus rechts gestrickten Blendenmaschen um jeweils 1 der bisher im Lochmuster gestrickten Maschen verbreitern und das Lochmuster entsprechend um 1 Masche reduzieren = 20 (23/26) kraus rechte Blendenmaschen und 24 (27/30) Maschen im Lochmuster.
In einer Höhe von 76,5 (78,5/80,5) cm **für die Schulterschräge** in jeder 2. Reihe 3x 8 Maschen (3x 9 Maschen/ 3x 10 Maschen) an der äußeren Seite abketten. Die verbliebenen 20 (23/26) Maschen für den Kragen weiter kraus stricken, dafür in der ersten Reihe an der Schulterkante 1 Randm zunehmen dazu anschlagen. In 8,5 cm Höhe ab Schulter die Maschen abketten oder stilllegen.

Das **rechte Vorderteil** gegengleich arbeiten, dabei in der Blende in ca. 51 cm Höhe ab Anschlag in einer Hinreihe ein Knopfloch einarbeiten (= 4 Blendenmaschen rechts, 2 Maschen abketten und die Reihe wie beschrieben fortsetzen; die Maschen in der folgenden Reihe neu anschlagen). ▶

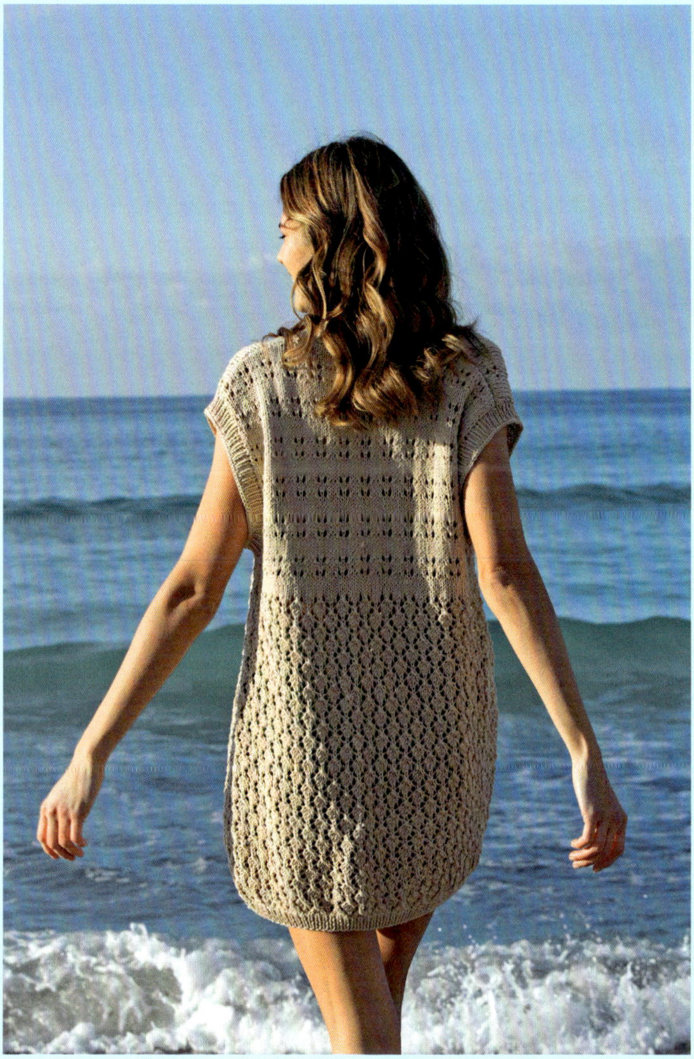

LOCHMUSTER 1

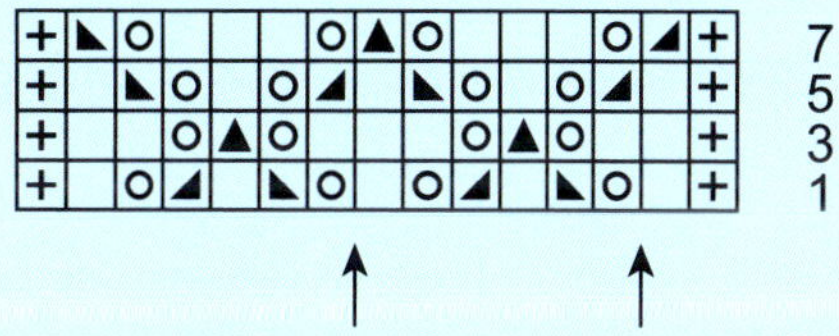

LOCHMUSTER 2

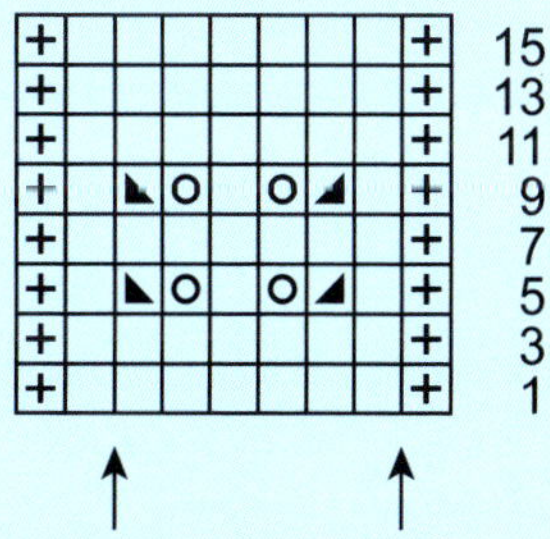

ZEICHENERKLÄRUNG:

⊞ = 1 Randmasche

□ = 1 Masche rechts

○ = 1 Umschlag

◢ = 2 Maschen rechts zusammenstricken

◣ = 1 Überzug (= 1 Masche wie zum Rechtsstricken abheben, 1 Masche rechts stricken, dann die abgehobene Masche überziehen)

▲ = 1 doppelter Abnahme mit aufliegender Mittelmasche (= 2 Maschen zusammen wie zum Rechtsstricken abheben, 1 Masche rechts stricken, dann die 2 abgehobenen Maschen überziehen)

AUSARBEITUNG

Die Schulter- und Seitennähte schließen, dabei die Armausschnitte nach Schnittskizze offenlassen. Für die Armausschnittblenden jeweils 18 (19/20) cm ab Schulter rings um das Armloch 90 (94/98) Maschen mit der kurzen Rundstricknadel aufnehmen, zur Runde schließen und in Runden 3,5 cm im Rippenmuster stricken. Dann alle Maschen abketten und den Knopf annähen.

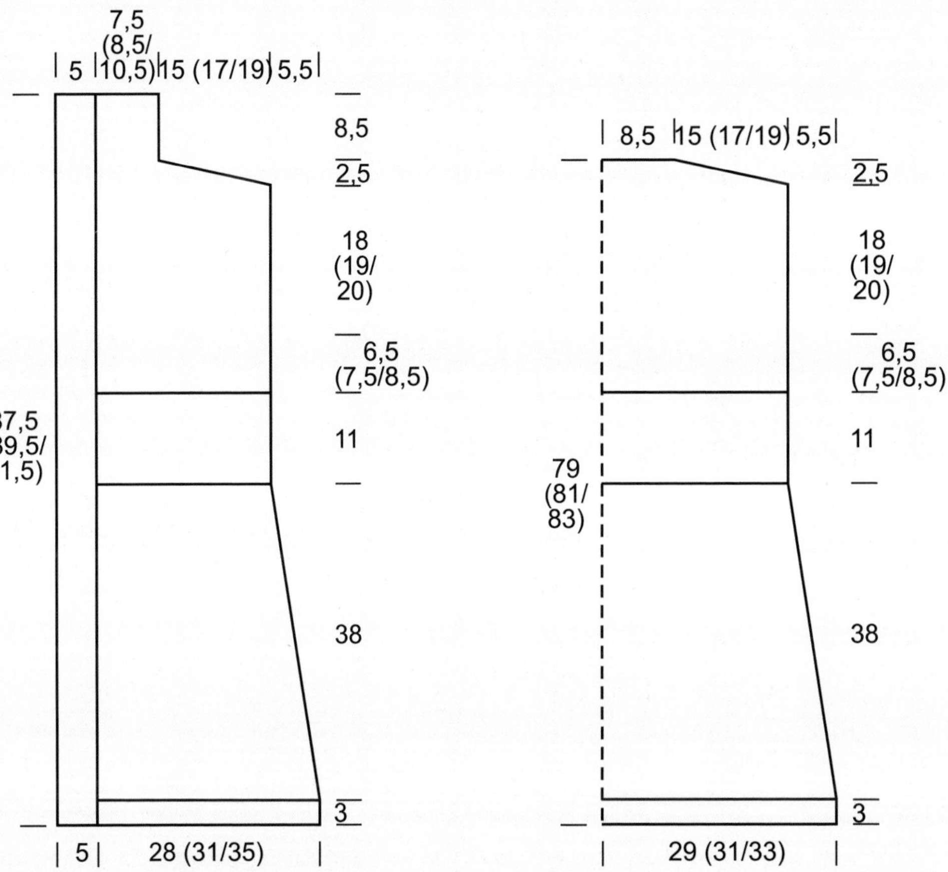

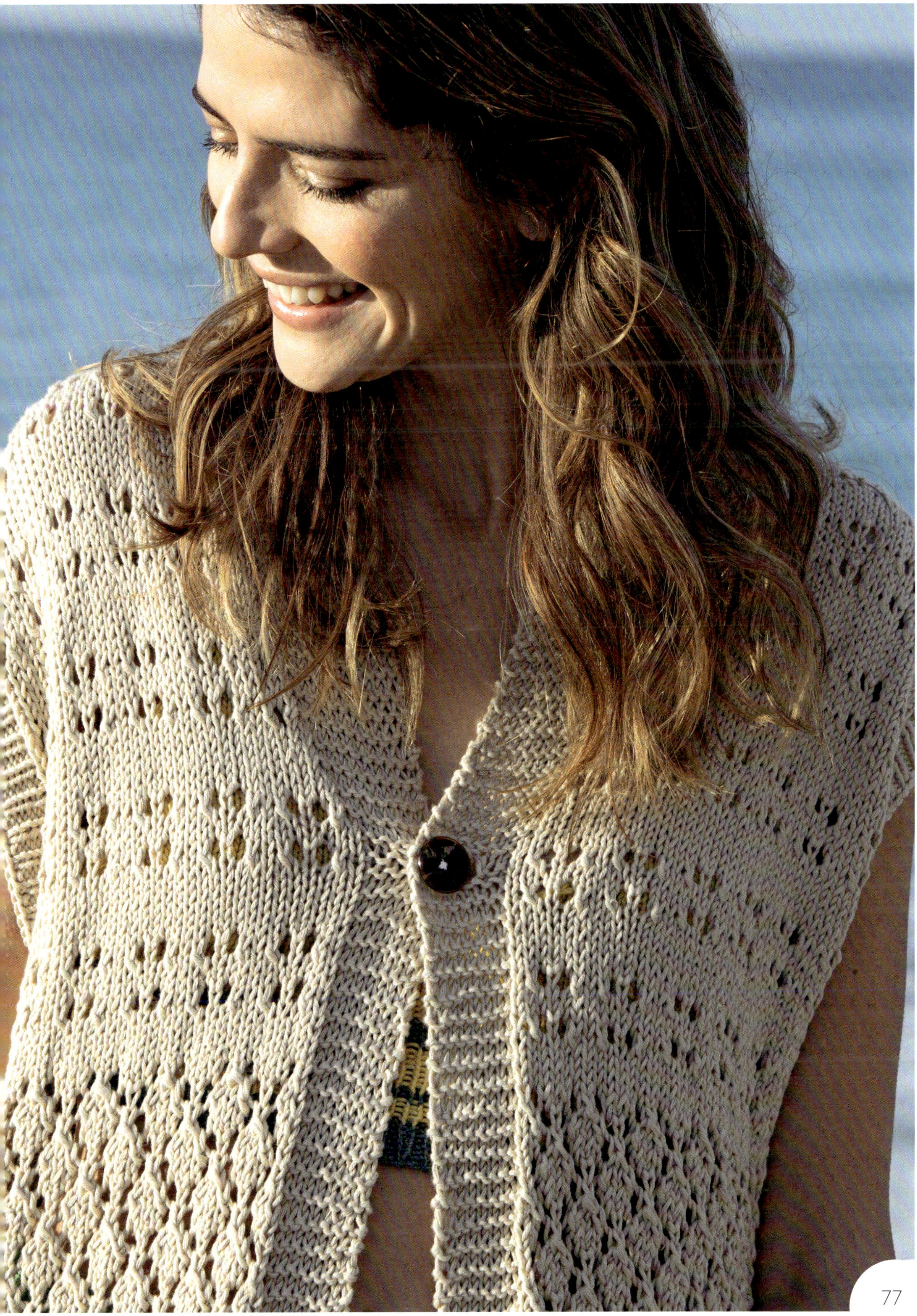

Sommersonnen-Bikini-Top

34 - 36/38 - 40

Die Angaben für die kleinste Größe stehen vor der Klammer, die für die beiden größeren Größen aufsteigend und von einem / getrennt in den Klammern. Wird nur eine Angabe gemacht, gilt diese für alle Größen.

MATERIAL

Softcotton (100 % Baumwolle, LL = 120 m/50 g) von Langyarns: je 50 g Gold (Fb 0050) und Atlantic (Fb 0074); Rundstricknadel in 3,5 mm und 4 mm, 60 cm lang; 2 Spielnadeln in 4 mm; 3 Maschenmarkierer.

GRUNDMUSTER

Glatt rechts in Reihen: In Hinreihe rechte Maschen stricken, in Rückreihen linke Maschen.

Bündchenmuster in Runden: 1 Masche rechts, 1 Masche links im Wechsel stricken. In allen folgenden Runden die Maschen stricken, wie sie erscheinen.

STREIFENFOLGE

8 Runden in Atlantic, 4 Runden in Gold, 2 Runden in Atlantic, 8 Runden in Gold, 4 Runden in Atlantic, 4 Runden in Gold = 30 Runden.

MASCHENPROBE

10 cm hoch und 10 cm breit sind **glatt rechts** (4 mm): 23 Maschen und 29 Reihen; im **Bündchenmuster** (3,5 mm): 25 Maschen und 32 Reihen.

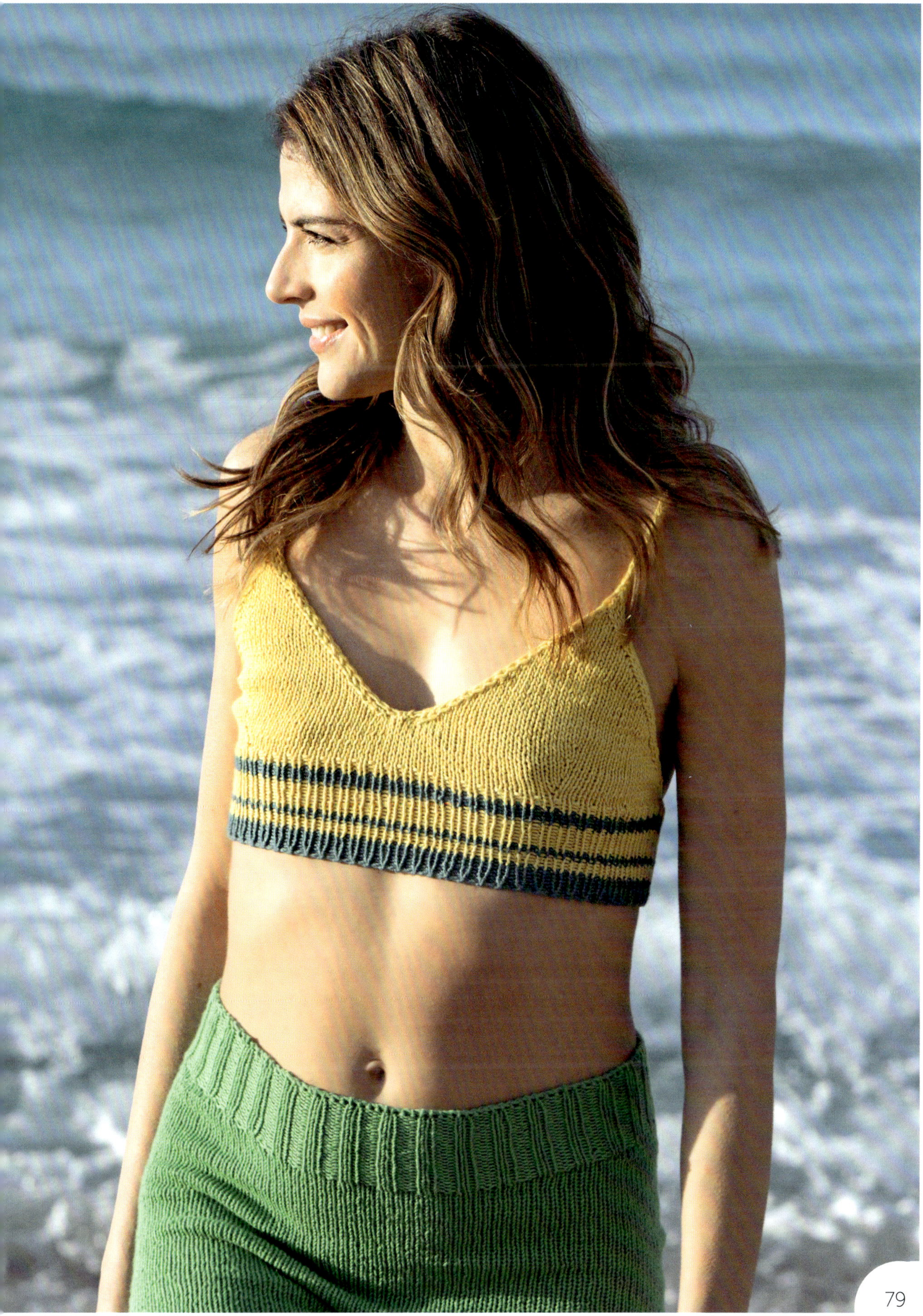

ANLEITUNG

132 (138/144) Maschen mit der dünneren Rundstricknadel in Atlantic anschlagen, zur Runde schließen, den Rundenübergang markieren und 30 Runden = 8 cm im Bündchenmuster in der Streifenfolge arbeiten.

Auf die dickere Rundstricknadel wechseln und wie folgt in Gold weiterarbeiten:
1. Reihe (= Hinreihe): 54 (56/58) Maschen abketten, die übrigen 78 (82/86) Maschen wie folgt stricken: 20 (21/22) Maschen rechts, 1 Maschenmarkierer (= MM) setzen (= linker Brustabnäher), 19 (20/21) Maschen rechts, 1 MM setzen (= vordere Mitte), 19 (20/21) Maschen rechts, 1 MM setzen (= rechter Brustabnäher), 20 (21/22) Maschen rechts, nach der letzten Masche für den I-Cord-Abschluss der seitlichen Armausschnitte noch 3 Maschen neu anschlagen = 81 (85/89) Maschen.
2. Reihe (= Rückreihe): 2 Maschen links, 2 Maschen links verschränkt zusammenstricken, alle Maschen links stricken, nach der letzten Masche 3 neue Maschen für den I-Cord-Abschluss anschlagen = 83 (87/91) Maschen.
Für die **seitlichen Armausschnitte** <u>in allen folgenden Hinreihen bis zu den Trägern:</u> 2 Maschen rechts, 1 Überzug (= 1 Masche rechts abheben, 1 Masche rechts, dann die abgehobene Masche überziehen) und die letzten 3 Maschen mit dem Faden hinter der Arbeit ungestrickt abheben; <u>in allen folgenden Rückreihen bis zu den Trägern:</u> 2 Maschen links, 2 Masche links verschränkt zusammenstricken und die letzten 3 Maschen mit dem Faden vor der Arbeit ungestrickt abheben.
<u>Gleichzeitig</u> für die **Brustabnäher** 3x in jeder 2. Reihe (= Hinreihe) und noch 2x in jeder 4. Reihe nach dem 1. MM 1 linksgeneigte Zunahme (= den Querfaden zwischen 2 Maschen der Vorreihe mit der linken Nadel von vorne aufnehmen und rechts verschränkt abstricken) und vor dem 3. MM 1 rechtsgeneigte Zunahme (= den Querfaden zwischen 2 Maschen der Vorreihe mit der linken Nadel von

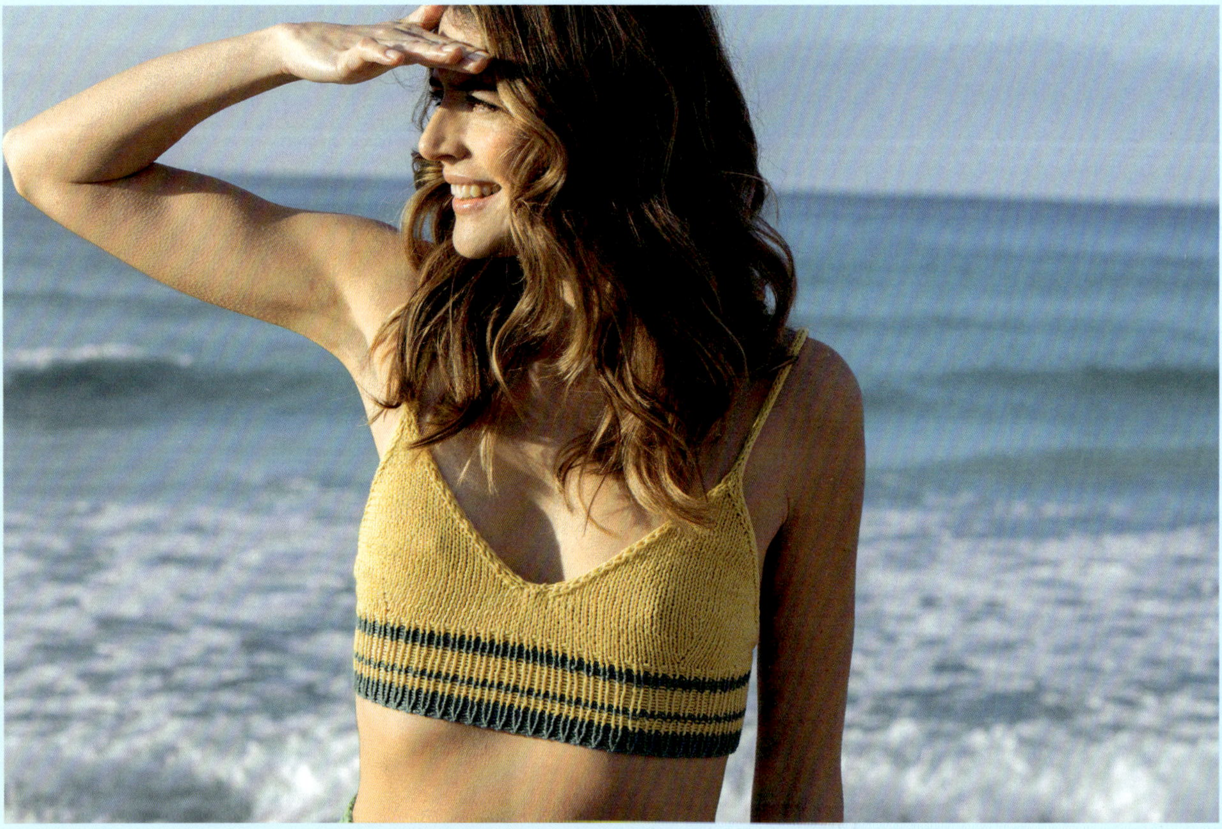

hinten aufnehmen und rechts abstricken). Sobald alle Zunahmen gearbeitet wurden, die MM entfernen und über alle Maschen zwischen Armausschnitt und Halsausschnitt glatt rechts stricken.
Und gleichzeitig für den vorderen Halsausschnitt nach 10 Reihen = 3 cm ab Bündchen die Arbeit nach dem 2. MM in der Mitte teilen und zunächst das **rechte Vorderteil** (= linke Arbeitsseite) fertigstellen: In den Hinreihen für die Halsausschnittkante 1 Masche rechts, 1 Masche mit dem Faden vor der Arbeit abheben, 1 Überzug (= 1 Masche wie zum Rechtsstricken rechts abheben, 1 Masche rechts, dann die abgehobene Masche überziehen), die übrigen Maschen glatt rechts stricken, dabei die Brustabnäher und den Armauschnitt arbeiten, wie zuvor beschrieben; In den Rückreihen den Armausschnitt arbeiten, wie zuvor beschrieben, bis zu den letzten 2 Maschen links stricken, 1 Masche rechts, 1 Masche mit dem Faden vor der Arbeit abheben. Auf diese Weise weiterarbeiten, bis nur noch 2 Halsausschnitt-Randm, 3 glatt rechte Maschen und 3 I-Cord-Maschen übrig sind.

Für den **Träger** in der folgenden Hinreihe die 3 glatt rechten Maschen mit aufliegender Mittelmasche zusammenstricken (= 2 Maschen wie zum Rechtsstricken abheben, 1 Masche rechts stricken, dann die beiden abgehobenen Maschen überziehen).
In der darauffolgenden Hinreihe die 2 Halsausschnitt-Maschen und die letzte rechte Masche mit aufliegender Mittelmasche rechts zusammenstricken. Dann die restlichen 4 Maschen als I-Cord mit 2 Spielnadeln weiterstricken, bis sie leicht gedehnt 45 (46/47) cm lang ist: * 4 Maschen rechts, die Maschen bis ans Nadelende weiterschieben, den Faden hinter der Arbeit von der letzten an die 1. Maschen holen; ab * stets wiederholen.

Das **linke Vorderteil** gegengleich fertigstellen, dabei an der Halsausschnitt-Seite in den Hinreihen bis zu den letzten 4 Maschen arbeiten, 2 Maschen rechts zusammenstricken, 1 Masche mit dem Faden vor der Arbeit abheben, 1 Masche rechts stricken; In den Rückreihen 1 Masche mit dem Faden vor der Arbeit abheben, 1 Masche rechts, dann die Maschen bis zu den Armausschnitt-Maschen links stricken und die Armausschnitt-Maschen wie beschrieben arbeiten.

AUSARBEITUNG

Die Träger im Rücken am Bündchenrand jeweils ca. 4 cm von der seitlichen Kante entfernt annähen.

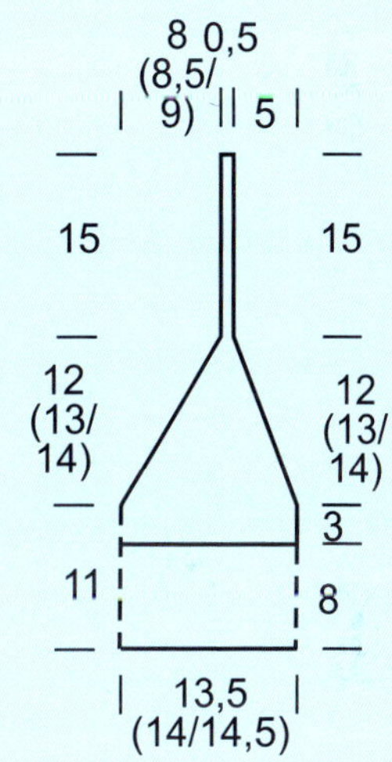

Kurzes Sonnen-Shorty

34/36 - 38/40 – 42/44

Die Angaben für die kleinste Größe stehen vor der Klammer,
die für die beiden größeren Größen aufsteigend und von einem / getrennt in den Klammern.
Wird nur eine Angabe gemacht, gilt diese für alle Größen.

MATERIAL

Brigitte No. 4 (80 % Baumwolle, 20 % Alpaca, LL = 110 m/50 g) von Lana Grossa: 150 (200/250) g Grün (Fb 12); je 1 Rundstricknadel in 3,5 mm und 4 mm, 60 – 80 cm lang.

GRUNDMUSTER

Glatt rechts in Reihen: In Hinreihen rechte Maschen, in Rückreihen linke Maschen stricken.
Glatt rechts in Runden: Stets rechte Maschen stricken.
Rippenmuster: 2 Maschen rechts, 2 Maschen links im Wechsel stricken. Die Anleitung beschreibt, wie die Maschen in der Reihe verteilt werden. In den Rückreihen die Maschen stricken, wie sie erscheinen.

BESONDERE MUSTER UND MASCHEN

Verkürzte Reihen: Bis zu der Stelle stricken, an der gewendet werden soll. Die Arbeit wenden und die erste Masche mit dem Faden vor der Arbeit links abheben. Den Faden über die Nadel nach hinten ziehen, so dass eine doppelte Masche entsteht. Wenn Sie das nächste Mal wieder zu dieser Stelle kommen, diese beiden Maschenschenkel je nach Muster entweder rechts oder links zusammenstricken.

MASCHENPROBE

10 cm hoch und 10 cm breit sind **glatt rechts** (4 mm): 20 Maschen und 30 Reihen.

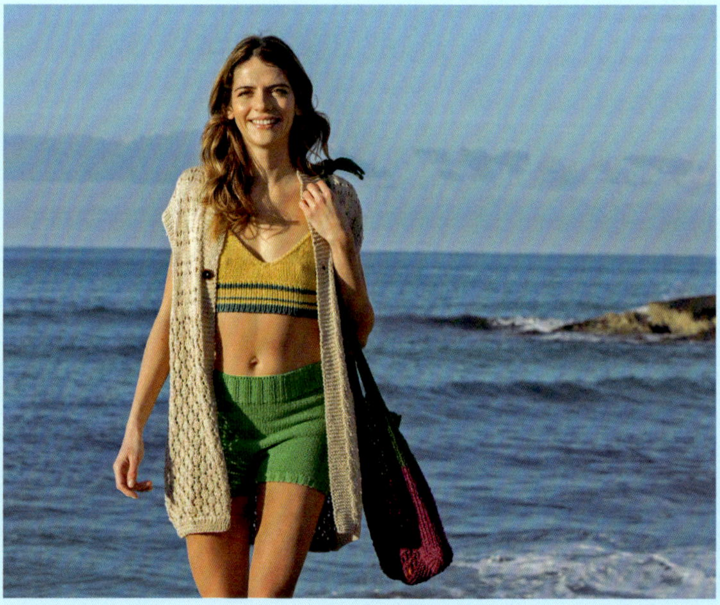

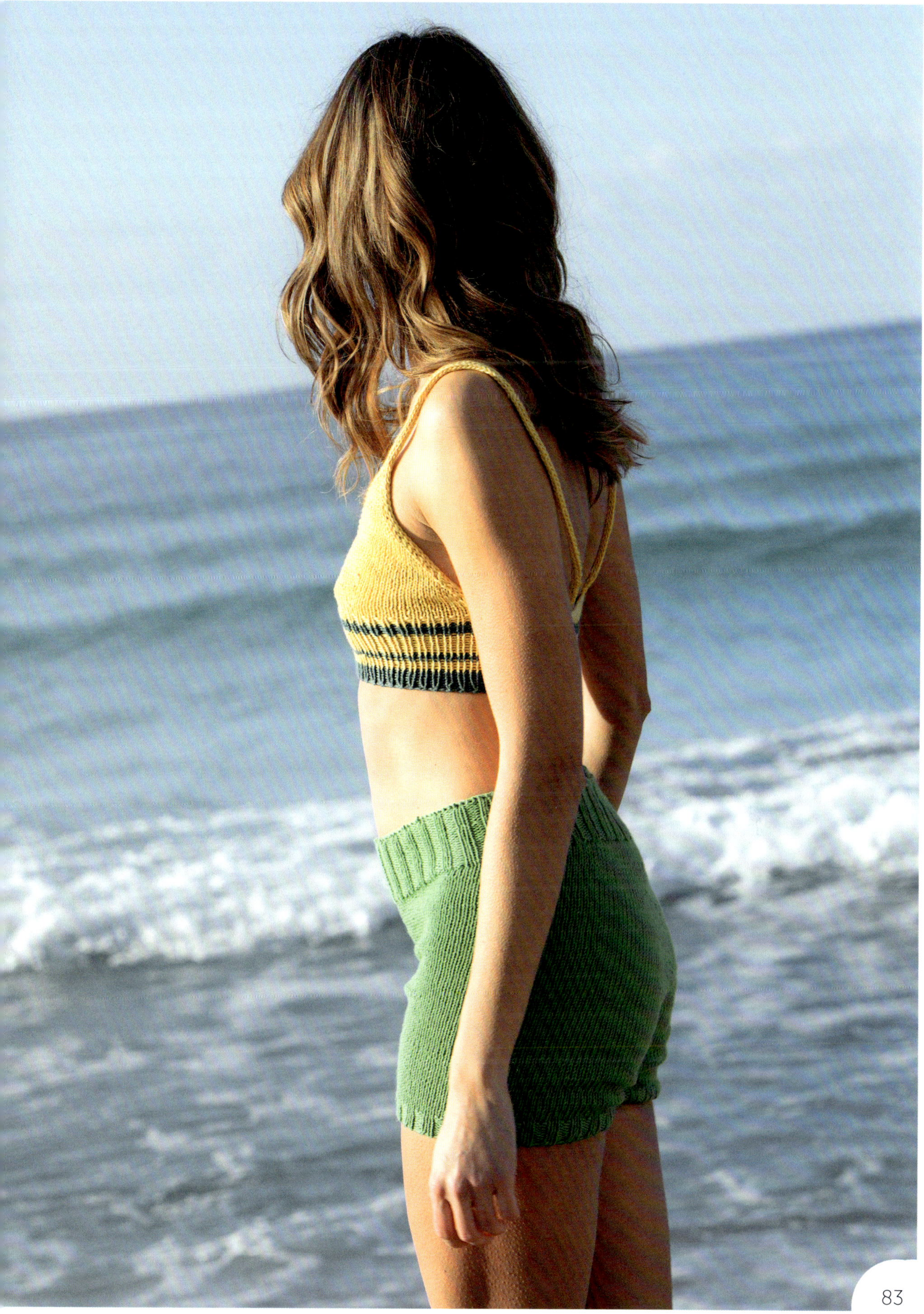

ANLEITUNG

Für das **linke Hosenbein** 90 (94/98) Maschen mit der Rundstricknadel in 3,5 mm anschlagen und 2,5 cm im Rippenmuster stricken, dabei 2 Maschen rechts, 2 Maschen links im Wechsel stricken und mit 2 Maschen rechts enden (die 1. und die letzte rechte Maschen können dabei nach Belieben einfach glatt rechts oder als Randm gestrickt werden). Dann zur Nadel 4 mm wechseln und glatt rechts weiterstricken, dabei in der 1. Reihe 0 (1/2) Maschen zunehmen = 90 (95/100) Maschen und für den Schritt beidseitig in jeder 2. Reihe (= Hinreihe) noch 6x 1 Masche zunehmen: Am Anfang der Reihe 1 Randm, 1 Masche rechts, 1 rechts geneigte Zunahme (= den Querfaden zwischen 2 Maschen der Vorreihe von hinten aufnehmen und rechts abstricken), am Ende der Reihe vor den letzten beiden Maschen 1 links geneigte Zunahmen (= den Querfaden zwischen 2 Maschen der Vorreihe von vorne aufnehmen und rechts verschränkt abstricken) = 102 (107/112) Maschen.
In der folgenden Hinreihe, in einer Höhe von 6,5 cm ab Anschlag, an der rechten Seite für die rückwärtige Naht 1x 6 Maschen und in jeder 2. Reihe noch 1x 2 Maschen und 1x 1 Masche abketten und an der linken Seite für die vordere Naht 1x 4 M und in jeder 2. Reihe noch 1x 2 Maschen und 1x 1 Masche abketten = 86 (91/96) Maschen. Mit einer Rückreihe enden, dann die Maschen stilllegen.
Das **rechte Hosenbein** gegengleich stricken.

Nun die Maschen beider Hosenbeine auf die Nadel nehmen und zur Runde schließen: Zunächst die Maschen des linken Hosenbeins stricken, die letzten 2 Maschen mit der 1. Masche des rechten Hosenbeins rechts zusammenstricken, dabei die letzten 2 Maschen des rechten Hosenbeins mit der 1. Masche des linken Hosenbeins rechts zusammenstricken. Diese Stelle (= hintere Mitte) als Rundenübergang markieren = 168 (178/188) Maschen.
Weiter in Runden über alle Maschen stricken. Nach 2 Runden eine Abnahme-Runde arbeiten: 2 Maschen rechts, 2 Maschen rechts zusammenstricken, bis 4 Maschen vor Ende der Runde stricken, 1 Überzug, 2 Maschen rechts. Diese Abnahmen noch 19 (21/23) x in jeder 3. Runde wiederholen = 128 (134/140) Maschen

In 20,5 (22,5/24,5) cm ab Anschlag für die rückwärtige Erhöhung weiter in verkürzten Reihen arbeiten: 51 (53/55) Maschen rechts, wenden, 1 Doppelmasche, 101 Masche links, wenden, 1 Doppelmasche, * bis 4 Maschen vor der nächsten Doppelmasche rechts, wenden, 1 Doppelmasche, bis 4 Maschen vor der nächsten Doppelmasche links, wenden, 1 Doppelmasche; ab * noch 3x wiederholen. Nach der letzten Rückreihe noch einmal bis zur markierten hinteren Mitte rechts stricken, dabei die Doppelmaschen als 1 Masche abstricken.

Auf die dünnere Rundstricknadel wechseln und über alle Maschen in Runden im Bündchenmuster weiterstricken, dabei in der 1. Runde die Doppelmaschen jeweils als eine Masche abstricken. Nach 8 cm im Bündchenmuster alle Maschen elastisch abketten.

AUSARBEITUNG

Die Beinnähte, die vordere und die rückwärtige Schrittnaht schließen.

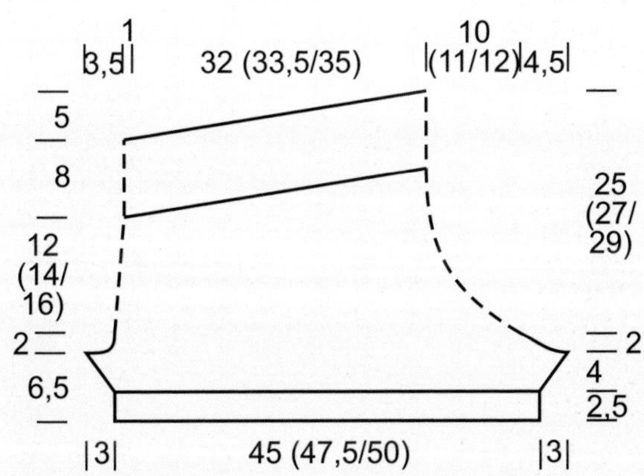

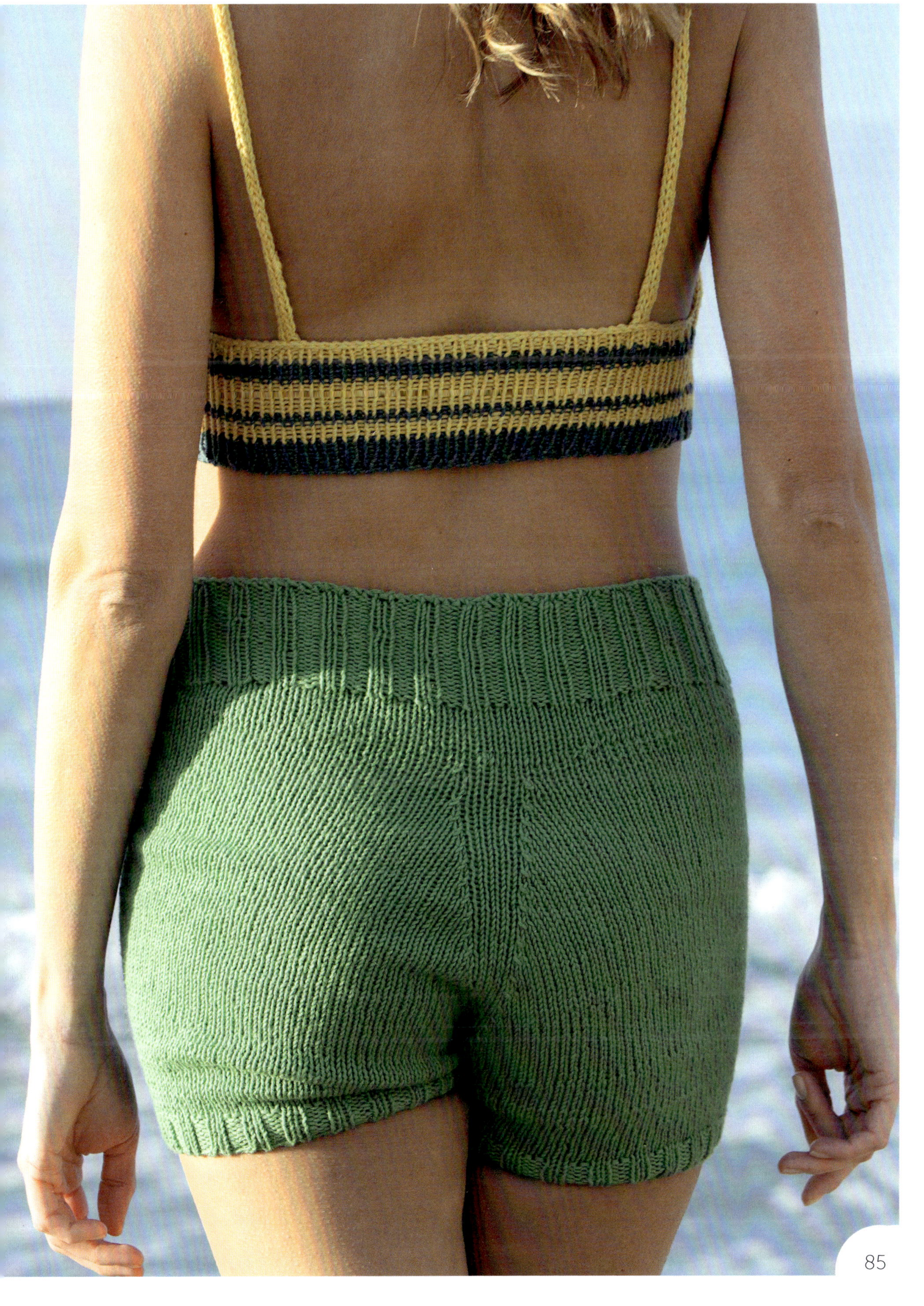

"Alles dabei" Beuteltasche

32 cm breit, 33 cm hoch, ohne Träger

MATERIAL

Quattro (100 % Baumwolle, LL = 120 m/50 g) von Langyarns: je 100 g Brombeer (Fb 0066) und Oliv (Fb 0097); Canapa (100 % Hanf, LL 80 m/25 g) von Langyarns: je 50 g Fuchsia (Fb 0065) und Dunkelgrün (Fb 0018); Rundstricknadel in 5,5 mm und 6 mm.

GRUNDMUSTER

Kraus rechts in Reihen: In Hin- und Rückreihen stets rechte Maschen stricken.

BESONDERE MUSTER

Netzmuster:
1.- 3. Reihe: Alle Maschen rechts stricken (= kraus rechts). **4. Reihe (Rückreihe):** Alle Maschen links stricken. **5. Reihe (Hinreihe):** 1 Randm, * 1 Umschlag, 2 Masche rechts zusammenstricken; ab * stets wiederholen, 1 Randm. **6. Reihe:** Alle Maschen und Umschläge links stricken.
Die 1. – 6. Reihe stets wiederholen.

Rippenmuster (Seitenteile und Träger):
In den Hinreihen: * 1 Masche rechts, 1 Masche mit dem Faden vor der Arbeit abheben; ab * stets wiederholen, 1 Masche rechts. **In den Rückreihen:** * 1 Masche links, 1 Masche rechts; ab * stets wiederholen, 1 Masche links.

Für die Träger das Rippenmuster beidseitig mit zusätzlich noch je 1 Randm arbeiten, diese am Anfang jeder Reihe rechts stricken, am Ende jeder Reihe ungestrickt abheben.

MASCHENPROBE

10 cm hoch und 10 cm breit sind im **Netzmuster** (6 mm): 13 Maschen und 30 Reihen; im **Rippenmuster** (5,5 mm): 24 Maschen und 26 Reihen.

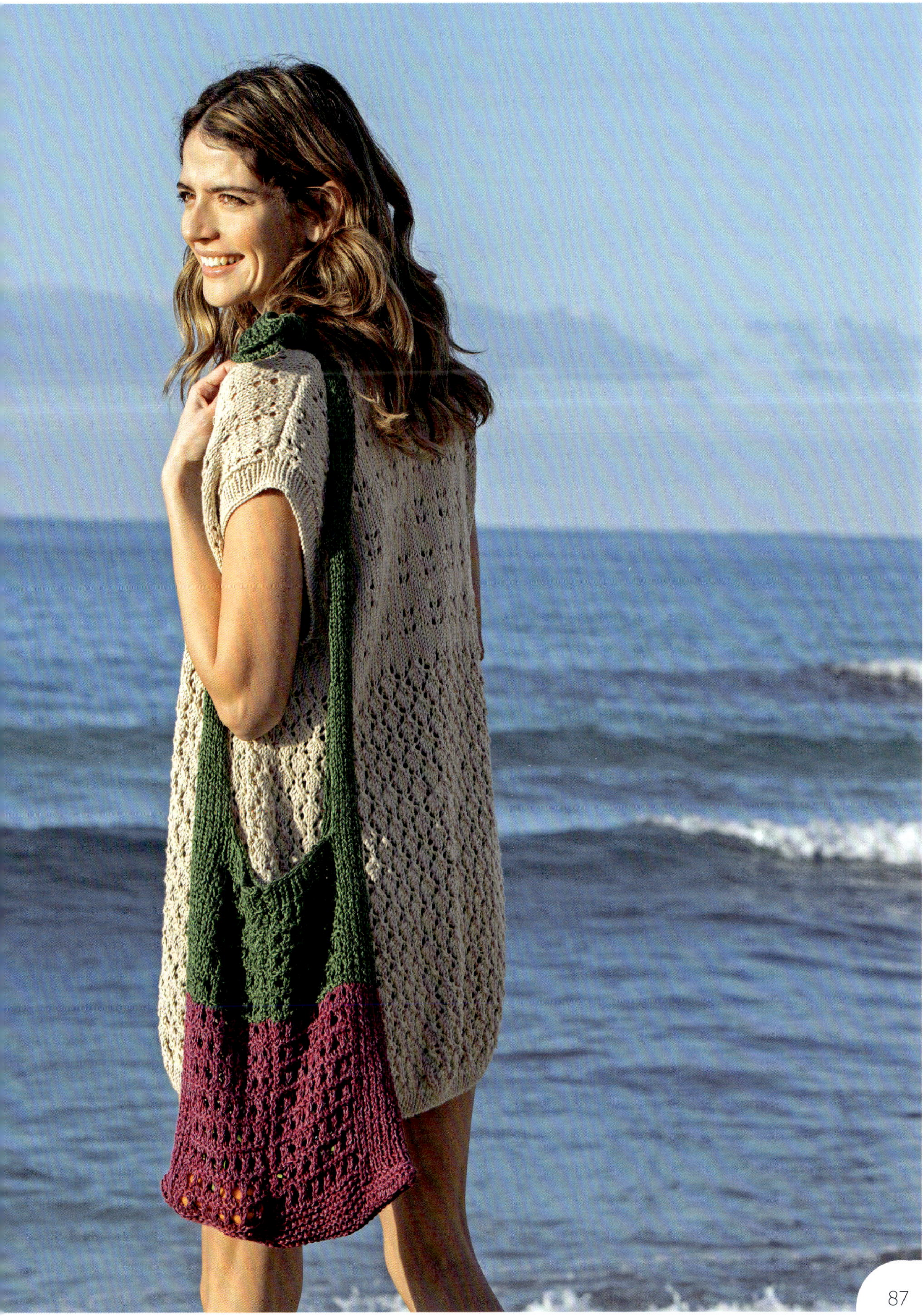

ANLEITUNG

Stets 2-fädig Ton in Ton mit je 1 Faden Quattro und Canapa arbeiten:
100 Maschen in Brombeer/Fuchsia mit der Rundstricknadel in 6 mm anschlagen und für den **Taschenboden** zunächst 8 Reihen kraus rechts stricken, dann die Maschen wie folgt einteilen: 1 Randm, 14 Maschen im Netzmuster, 21 Maschen im Rippenmuster, 28 Maschen im Netzmuster, 21 Maschen im Rippenmuster, 14 Maschen im Netzmuster, 1 Randm. In dieser Einteilung 48 Reihen (= 8x die 1.-6. Reihe des Netzmusters) in Brombeer/Fuchsia und noch 30 Reihen (= 5x die 1.-6. Reihe des Netzmusters) Oliv/Dunkelgrün arbeiten.

Mit der dünneren Rundstricknadel weiter in Oliv/Dunkelgrün über alle Maschen im Rippenmuster arbeiten, dabei in der 1. Reihe die letzten 2 Maschen des mittleren Streifens im Netzmuster links zusammenstricken, sodass sich das Rippenmuster genau einpasst. Nach ca. 2 cm im Rippenmuster und 33 cm ab Anschlag 14 Maschen abketten, 23 Maschen für den 1. Träger im Rippenmuster stricken, 25 Maschen abketten, 23 Maschen für den 2. Träger im Rippenmuster stricken und die letzten 14 Maschen abketten. Den Faden abschneiden.

Dann für jeden Träger mit einer Rückreihe beginnend die jeweils 25 Maschen im Rippenmuster (mit je 1 Randmasche an beiden Seiten) stricken. Dabei 6x in jeder 12. Reihe nach der ersten Randmasche 1 Überzug (= 1 Masche wie zum Rechtsstricken abheben, 1 Masche rechts stricken, dann die abgehobene Masche überziehen) und vor der letzten Randm 2 Maschen rechts zusammenstricken = 11 Maschen nach 28 cm Länge. Noch weitere 30 cm ohne weitere Abnahmen weiterarbeiten, dann in 58 cm Höhe alle Maschen abketten. Den 2. Träger ebenso arbeiten.

AUSARBEITUNG

Die seitlichen Kanten aneinanderlegen und im Matratzenstich von außen zusammennähen. Anschließend die unteren Kanten für den Taschenboden mit einer unsichtbaren, horizontalen Naht schließen.
Die Fäden vernähen und die Träger auf die gewünschte Länge verknoten.

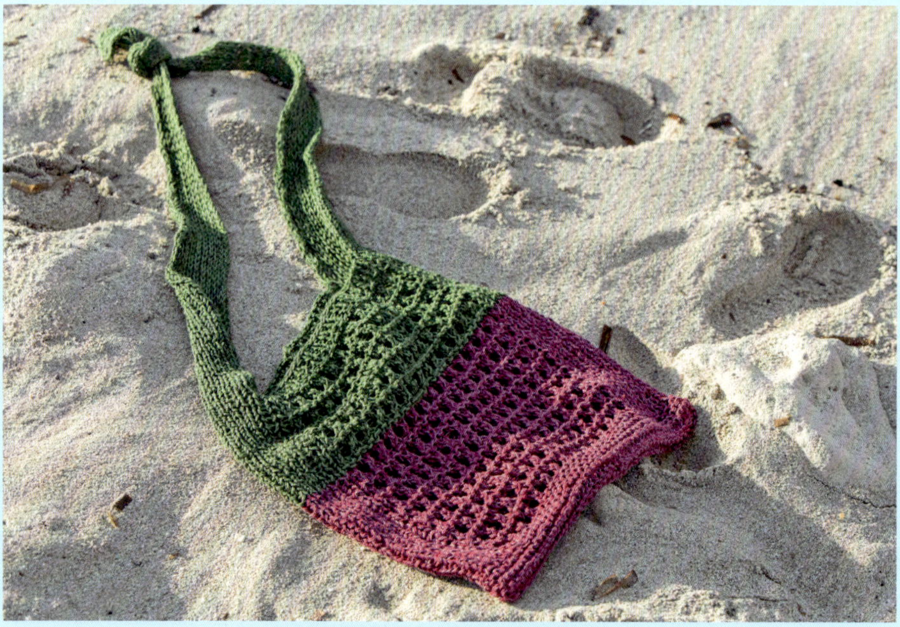

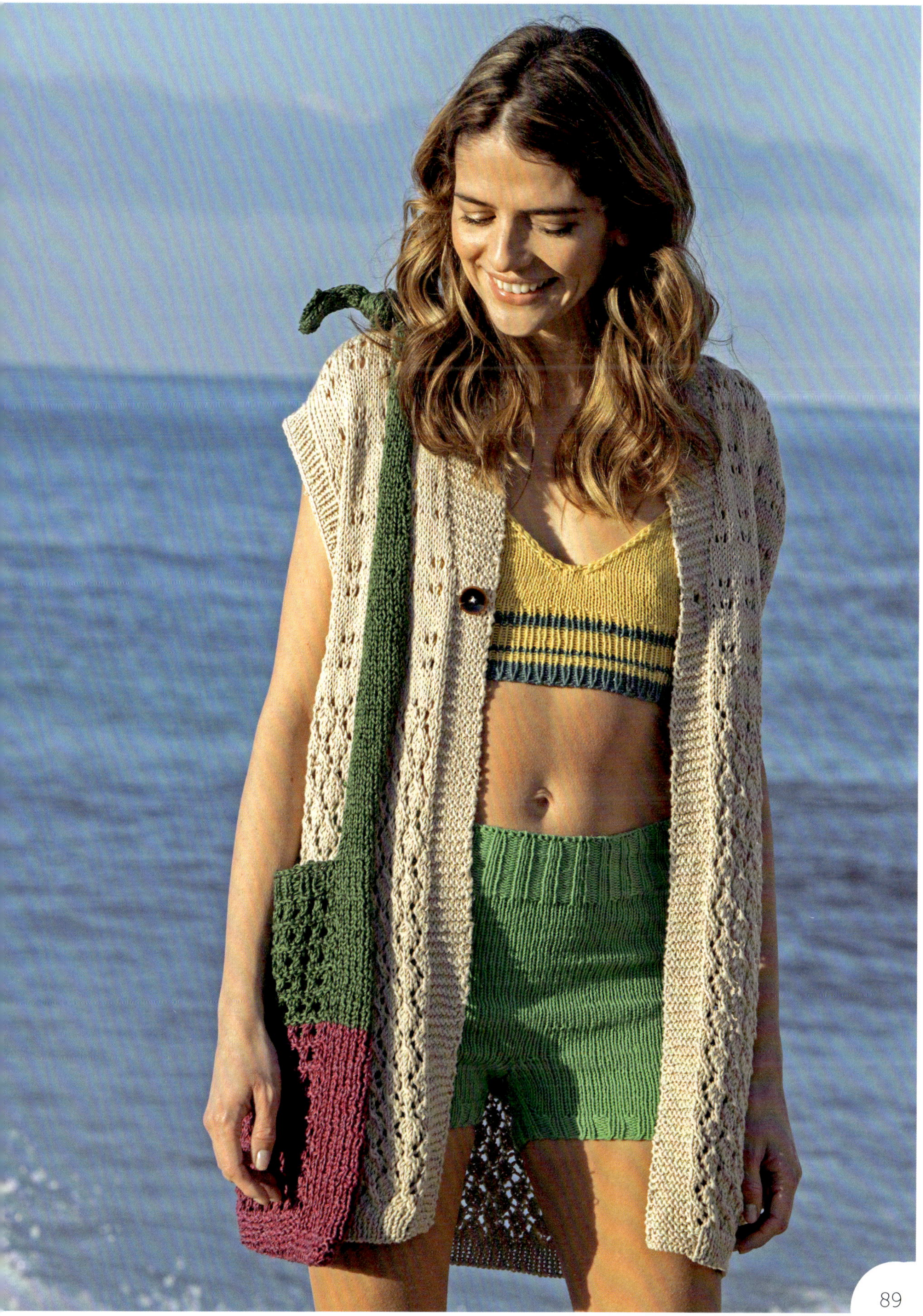

Poncho im luftigen Mustermix

34 – 38 / 40 – 44

Die Angaben für die kleinere Größe stehen vor der Klammer, die für die größere Größe stehen in den Klammern. Wird nur eine Angabe gemacht, gilt diese für beide Größen.

MATERIAL

Scarlett (100 % Baumwolle, LL = 110 m/50 g) von ggh: 600 (650) g Hellblau (Fb 016); Rundstricknadel in 4,5 mm.

GRUNDMUSTER

Kraus rechts in Reihen: In Hin- und Rückreihen stets rechte Maschen stricken.

BESONDERE MUSTER

Muster 1:
Maschenzahl teilbar durch 5
Nach Strickschrift arbeiten. Es sind die Hinreihen gezeichnet. In den Rückreihen alle Maschen und Umschläge links stricken. In den Hinreihen den Rapport von 5 Maschen zwischen den Pfeilen stets wiederholen. 16 Reihen = 1x die 1.-16. Reihen arbeiten.

Muster 2:
Maschenzahl teilbar durch 3
1. Reihe und alle Hinreihen: Alle Maschen rechts stricken. **2. Reihe:** * 1 Masche wie zum Rechtsstricken abheben, 2 Maschen rechts stricken und die abgehobene Masche über die beiden Maschen ziehen, 1 Umschlag; ab * stets wiederholen. **4. Reihe:** 1 Masche rechts, * 1 Umschlag, 1 Masche wie zum Rechtsstricken abheben, 2 Maschen rechts stricken, die abgehobene Masche über die beiden Maschen ziehen; ab * stets wiederholen, 1 Umschlag, 1 Masche wie zum Rechtsstricken abheben, 1 Masche rechts stricken und die abgehobene Masche überziehen.
16 Reihen = 4x die 1.-4. Reihe arbeiten.

Muster 3:
Maschenzahl teilbar durch 6
Nach Strickschrift arbeiten. Es sind die Hinreihen gezeichnet. In den Rückreihen alle Maschen und Umschläge links stricken. In den Hinreihen den Rapport von 6 Maschen zwischen den Pfeilen stets.
16 Reihen = 2x die 1.-8. Reihe arbeiten.

Muster 4:
Maschenzahl teilbar durch 5
Nach Strickschrift arbeiten. Es sind die Hinreihen gezeichnet. In den Rückreihen alle Maschen und Umschläge links stricken. In den Hinreihen den Rapport von 5 Maschen zwischen den Pfeilen stets wiederholen.
16 Reihen = 4x die 1.-4. Reihe arbeiten.

Muster 5
Maschenzahl teilbar durch 8 + 5 Maschen
Nach Strickschrift arbeiten. Es sind die Hinreihen gezeichnet. In den Rückreihen alle Maschen und Umschläge links stricken. In den Hinreihen den Rapport von 8 Maschen zwischen den Pfeilen stets wiederholen und mit den 5 Maschen nach dem linken Pfeil enden.
16 Reihen = 2x die 1.-8. Reihe arbeiten. ▶

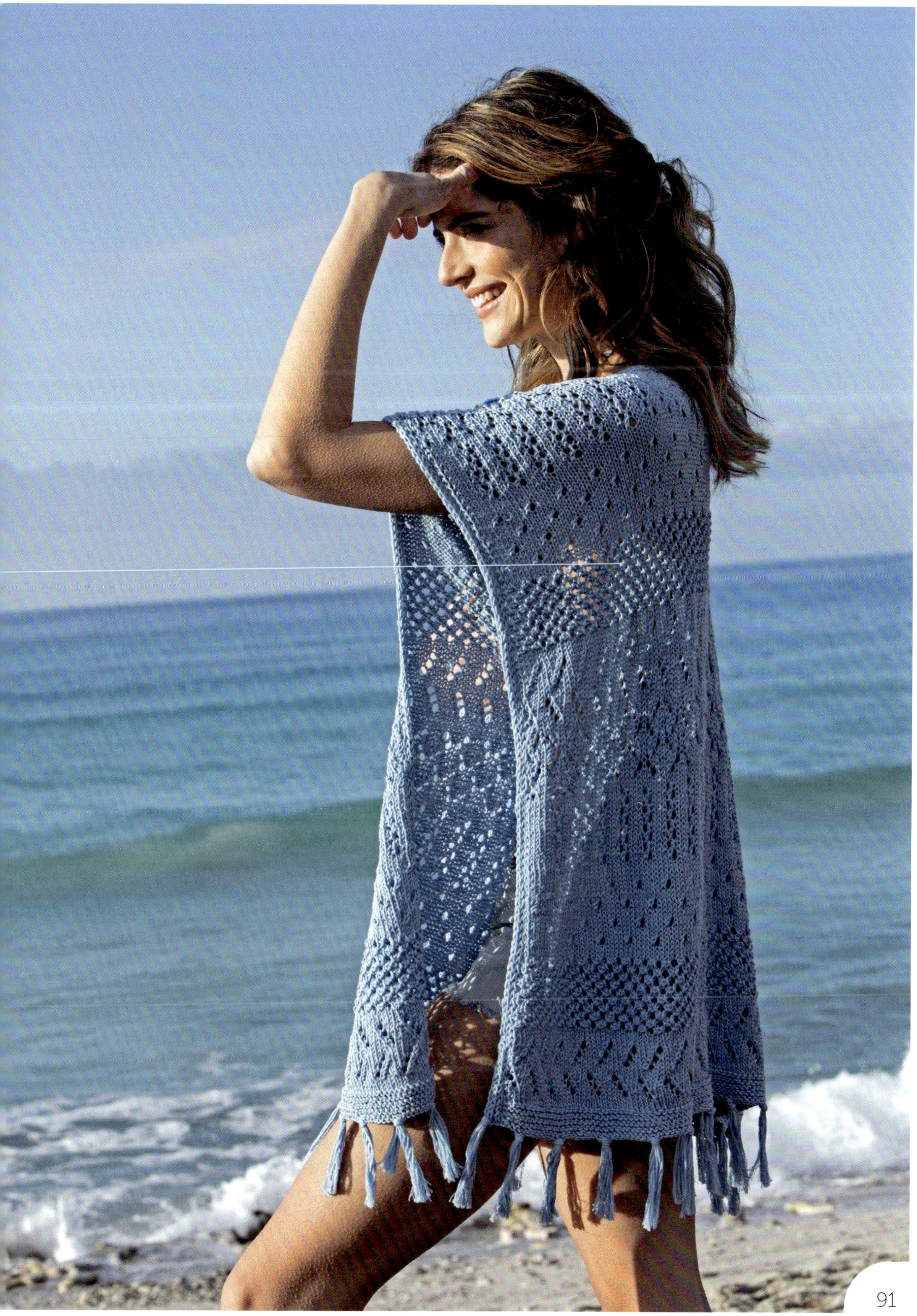

5 Randmaschen:
In den Hinreihe: * 1 Masche rechts, 1 Masche mit dem Faden vor der Arbeit abheben; ab * 1x wiederholen, 1 Masche rechts, im Muster bis zu den letzten 5 Maschen stricken, * 1 Masche rechts, 1 Masche mit dem Faden vor der Arbeit abheben; ab * 1x wiederholen, 1 Masche rechts.
In den Rückreihe: * 1 Masche mit dem Faden vor der Arbeit abheben, 1 Masche rechts; ab * 1x wiederholen, 1 Masche mit dem Faden vor der Arbeit abheben, im Muster bis zu den letzten 5 Maschen stricken, * 1 Masche rechts, 1 Masche mit dem Faden vor der Arbeit abheben; ab * 1x wiederholen, 1 Masche rechts.

MASCHENPROBE

10 cm hoch und 10 cm breit sind in allen **Ajourmustern**: 17 Maschen und 26 Reihen.

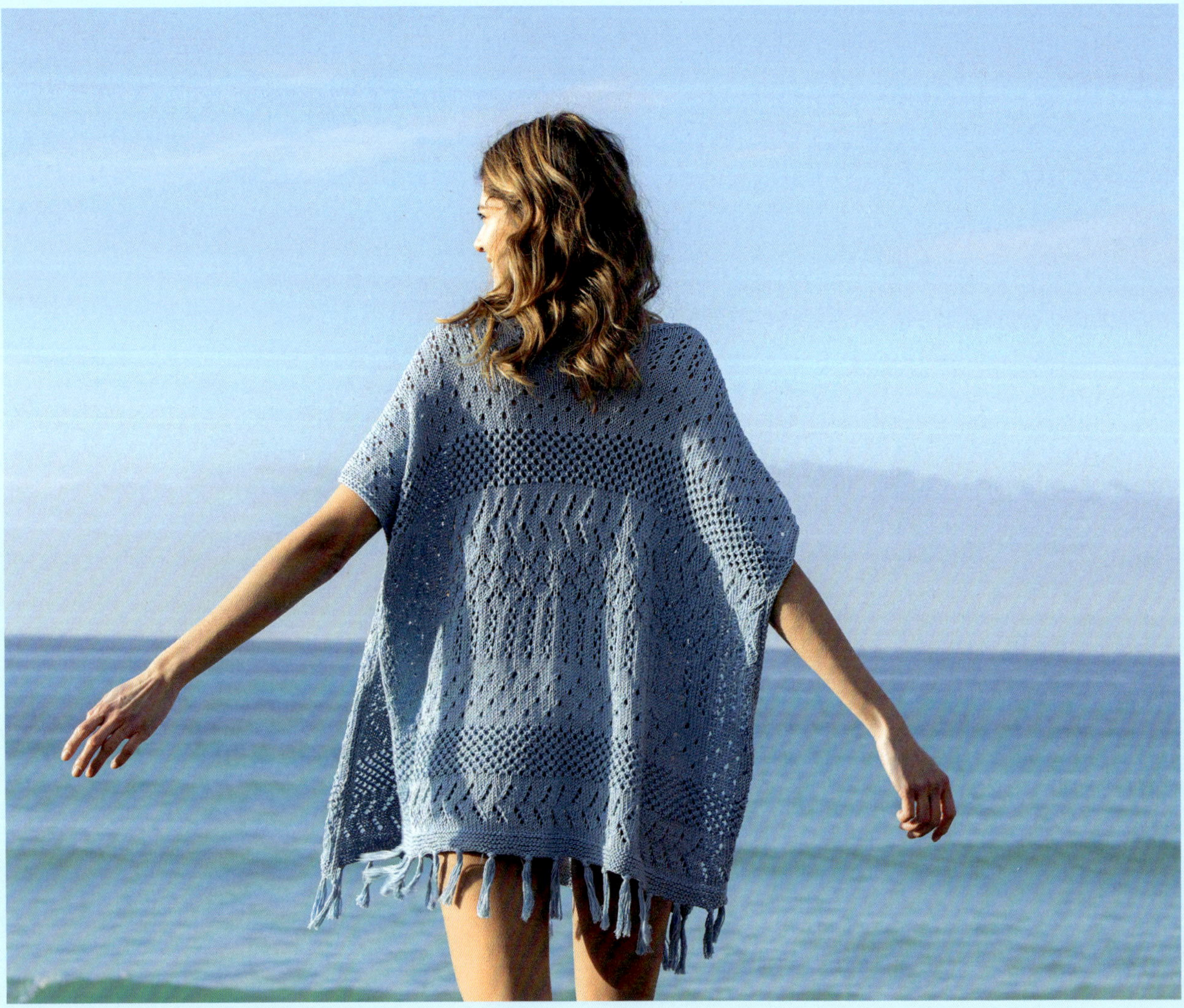

ANLEITUNG

145 (160) Maschen anschlagen und 3 cm kraus rechts stricken, dabei am Anfang und am Ende der Reihe jeweils 5 Randm wie beschrieben arbeiten.
Die Randm an beiden Seiten stets fortführen und weiter in folgender Musterfolge arbeiten:

** 2 Reihen glatt rechts, 16 Reihen **Muster 1**, 2 Reihen glatt rechts, 16 Reihen **Muster 2**, 2 Reihen glatt rechts, 16 Reihen **Muster 3**, dabei für die kleinere Größe nach den ersten 5 Randm zunächst 2 Maschen glatt rechts, dann Muster 3 und vor den letzten Randm noch 1 Masche glatt rechts stricken,
2 Reihen glatt rechts, 16 Reihen **Muster 4**, 2 Reihen glatt rechts **, 16 Reihen **Muster 5**, dabei für beide Größen nach den ersten 5 Randm zunächst noch 1 Masche glatt rechts, dann Muster 5 und nur für die kleinere Größe vor den letzten 5 Randm noch einmal 1 Masche glatt rechts stricken.

Einmal die gesamte Musterfolge arbeiten, dann die Musterfolge von ** bis ** noch 1x wiederholen = 144 Reihen und 60 cm ab Bündchen.

In der folgenden Hinreihe die Maschen für das Halsbündchen wie folgt einteilen: 5 Randm, 45 (53) Maschen im Muster 5, 45 (44) Maschen kraus rechts, 45 (53) Maschen im Muster 5,5 Randm. Nach 2 cm (6 Reihen) die mittleren kraus rechts gestrickten Maschen abketten und in der Folgereihe neu anschlagen. 2 cm (6 Reihen) wieder in obiger Einteilung stricken, dann die Musterfolge beginnend mit 2 Reihen glatt rechts, 16 Reihen Muster 5 usw. gegengleich zum Vorderteil arbeiten.
Anschließend zwischen den Randmaschen noch 3 cm kraus rechts stricken, dann die Maschen abketten.

LOCHMUSTER 1

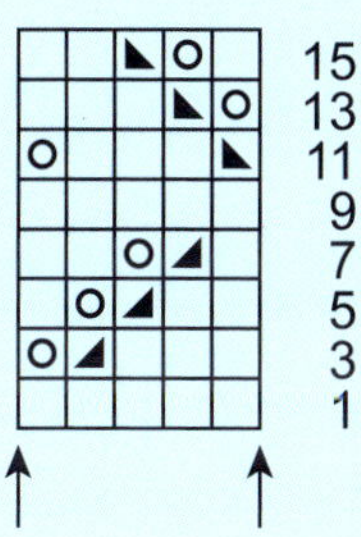

LOCHMUSTER 5

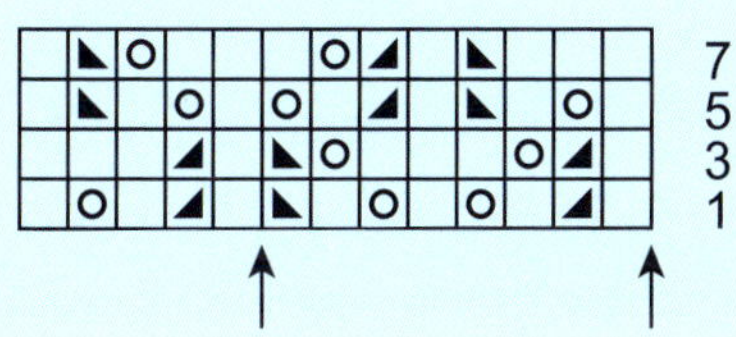

LOCHMUSTER 3

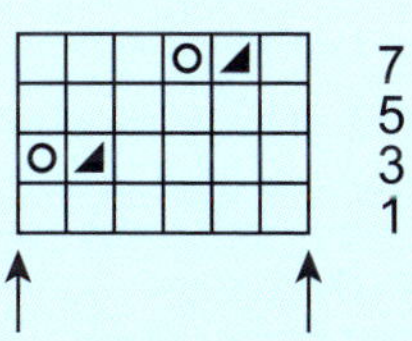

LOCHMUSTER 4

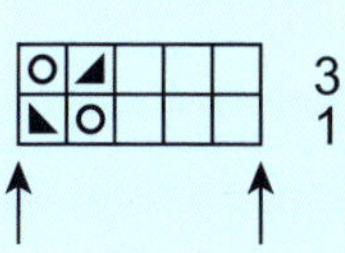

ZEICHENERKLÄRUNG:

= 1 Masche rechts

= 1 Umschlag

= 2 Maschen rechts zusammenstricken

= 1 Überzug (= 1 Masche wie zum Rechtsstricken abheben, 1 Masche rechts stricken, dann die ab gehobene Masche überziehen)

AUSARBEITUNG

An den unteren Kanten 8 – 10 cm lange Fransen anknüpfen. Dafür jeweils 5 20 cm lange Fäden zuschneiden und in ca. 5 cm Abstand einknüpfen.

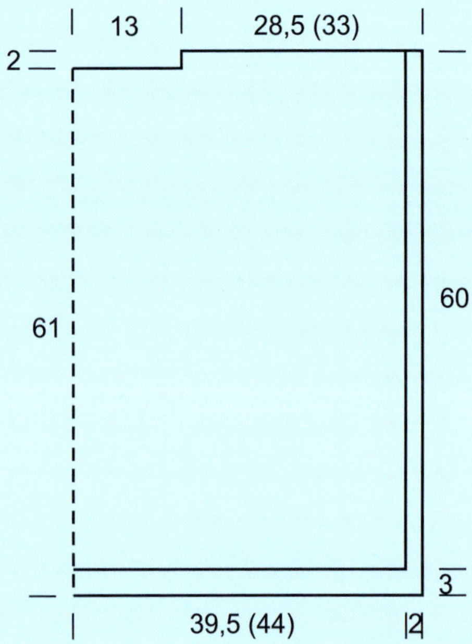

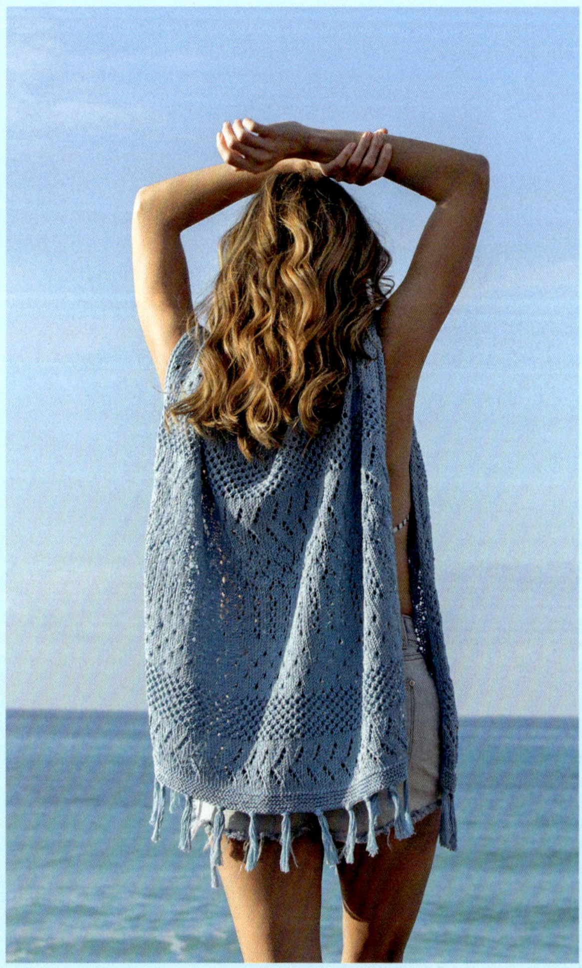

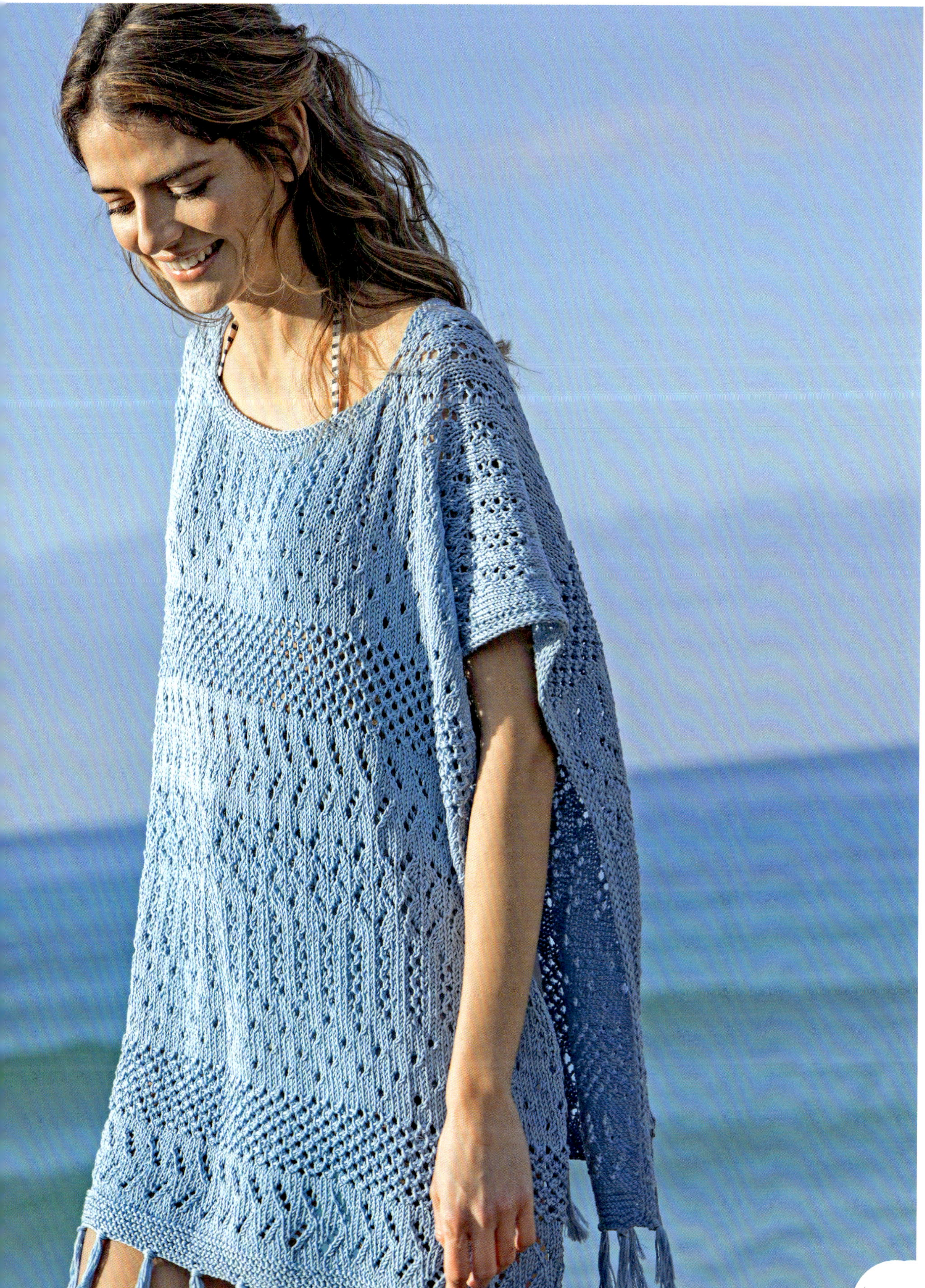

Leichter Kaftan mit Schlitz

34-38 (40-44)

Die Angaben für die kleinere Größe stehen vor der Klammer, die für die größere Größe stehen in den Klammern. Wird nur eine Angabe gemacht, gilt diese für beide Größen.

MATERIAL

Linova (74 % Baumwolle, 26 % Leinen, LL = 100 m/50 g) von ggh: 450 (500) g in Hot Pink (Fb 074), 250 g Tiefes Beerenrot (Fb 043), 50 g Mandarine (Fb 072); Rundstricknadel in 4 mm und 4,5 mm.

GRUNDMUSTER

Kraus rechts in Reihen: In Hin- und Rückreihen stets rechte Maschen stricken.
Glatt rechts in Reihen: In Hinreihen rechte Maschen, in Rückreihen linke Maschen stricken.

BESONDERE MUSTER UND MASCHEN

Zackenmuster:
Maschenzahl teilbar durch 12 + 1 Masche
Nach Strickschrift arbeiten. Es sind die Hinreihen gezeichnet. In den Rückreihen alle Maschen und Umschläge links stricken. Den Rapport von 12 Maschen zwischen den Pfeilen stets wiederholen und mit der Masche nach dem linken Pfeil enden. Ränder und Randmaschen werden in der Anleitung beschrieben.
Die 1. – 14. Reihe stets wiederholen.

Fischgrät-Streifen über 13 Maschen:
Nach Strickschrift arbeiten. Es sind die Hinreihen gezeichnet. In den Rückreihen alle Maschen und Umschläge links stricken. 1x die 13 Maschen innerhalb der Mascheneinteilung arbeiten, wie sie in der Anleitung beschrieben ist.
Die 1. – 10. Reihe stets wiederholen.

Randmasche: In jeder Reihe die 1. Masche rechts stricken, die letzte Masche abheben.

STREIFENFOLGE

Kraus rechts stricken, dabei je 12 Reihen in Tiefes Beerenrot, 12 Reihen in Mandarine, 12 Reihen in Tiefes Beerenrot = 36 Reihen und 10 cm.

MASCHENPROBE

10 cm hoch und 10 cm breit sind **kraus rechts** (4,5 mm): 18 Maschen und 36 Reihen; **glatt rechts,** im **Zackenmuster** und im **Fischgrät-Streifen** (4,5 mm): 18 Maschen und 26 Reihen.

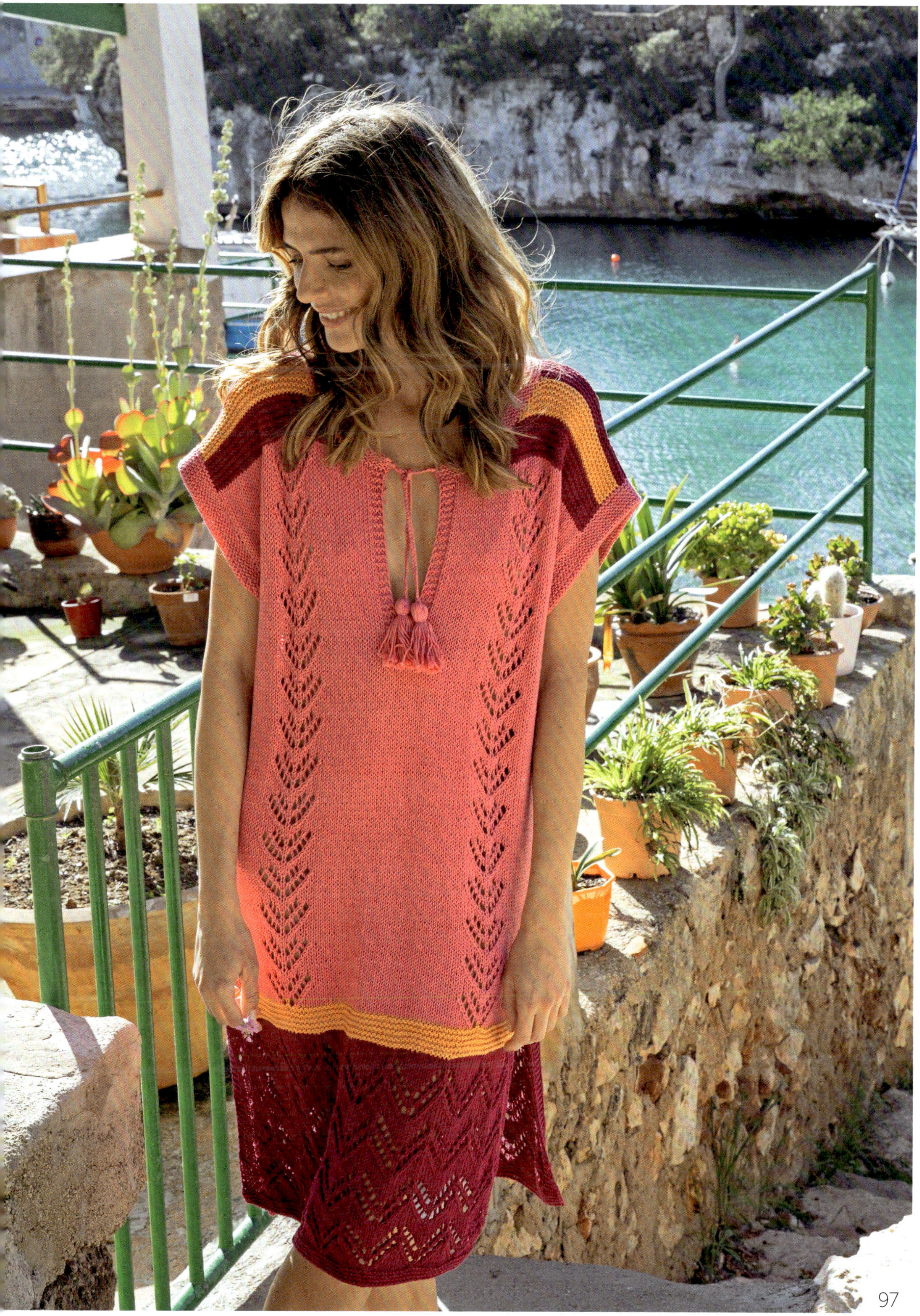

ANLEITUNG

Für das **Rückenteil** 107 (119) Maschen in Beerenrot mit der Rundstricknadel in 4 mm anschlagen und zunächst 2 cm kraus rechts stricken. Weiter mit der Rundstricknadel 4,5 mm stricken und die Maschen wie folgt einteilen: 1 Randm, 4 Maschen kraus rechts, 97 (109) Maschen glatt rechts, 4 Maschen kraus rechts, 1 Randm. Nach 2 Reihen über die mittleren 97 (109) Maschen im Zackenmuster arbeiten. Nach 56 Reihen (= 4x die 1. – 14. Reihe des Zackenmusters) noch 2 Reihen glatt rechts über die mittleren 97 (109) Maschen stricken = 25 cm ab Anschlag.
Dann mit Mandarine über alle Maschen 10 Reihen kraus rechts stricken = 27,5 cm ab Anschlag. Der Schlitz ist nun beendet, die Randm in den folgenden Reihen wie beschrieben weiterarbeiten.

Zu Pink wechseln, 2 Reihen glatt rechts stricken, dann in der folgenden Aufteilung weiterarbeiten: 1 Randm, 23 Maschen glatt rechts, 13 Maschen Fischgrät-Streifen, 33 (45) Maschen glatt rechts, 13 Maschen Fischgrät-Streifen, 23 Maschen glatt rechts, 1 Randm (Darauf achten, dass die Spitzen/ Mittelmasche genau über den unteren Spitzen von Lochmuster 1 liegen!).
In ca. 65 cm Höhe ab Anschlag über die 25 mittleren Maschen über 14 Reihen = ca. 5 cm Höhe * 1 Masche links, 1 Masche rechts; ab * noch 11x wiederholen, 1 Masche links stricken.
Nach 140 Reihen = 14x die 1. – 10. Reihe des Fischgrät-Streifens noch einmal 2 Reihen glatt rechts stricken = 56 cm ab Schlitzende und ca. 83 cm ab Anschlag.
Für die Passe kraus rechts in folgender Farbfolge arbeiten: je 12 Reihen in Tiefes Beerenrot, Mandarine, Tiefes Beerenrot, dabei nach 4 Reihen des letzten Streifens in Tief Beerenrot (= nach ca. 7,5 cm ab Beginn Passe) für die **Schulterschrägen** an beiden Seiten in jeder 2. Reihe 4x 8 Maschen (2x 9 Maschen und 2x 10 Maschen) abketten. Gleichzeitig 2 Reihen nach Beginn der Schulterschrägen für den rückwärtigen Halsausschnitt die mittleren 23 Maschen abketten, beide Seiten getrennt fertigstellen und an der Halsausschnittseite in jeder 2. Reihe 1x 5 Maschen, 1x 4 Maschen und 1x 1 Masche abketten.
Das Vorderteil wie das Rückenteil arbeiten, jedoch in der Höhe von 65 cm das Schmuckelement im Rippenmuster über die mittleren 25 Maschen auslassen und in ca. 69,5 cm Höhe ab Anschlag für den **vorderen Ausschnitt-Schlitz** zunächst über die mittleren 7 Maschen 6 Reihen kraus rechts stricken, dann das Vorderteil in der Mitte für den Schlitz teilen und beide Seiten über je 54 (60) Maschen getrennt beenden. Für das **linke Vorderteil** bis zur kraus rechten Schlitzblende im Muster, 3 der 7 kraus rechten Maschen kraus rechts stricken, die 4. der 7 Blendenmaschen als Randm für den Schlitz beschrieben arbeiten. (Für das rechte Vorderteil später die Randm aus der hinteren mittleren Blendenmasche herausstricken.)
Mit Beginn der Passe für den vorderen Halsausschnitt in jeder 2. Reihe 1x 8 Maschen, 1x 3 Maschen, 2x 2 Maschen, 3x 1 Masche, dann in jeder 4. Reihe 4x 1 Masche abketten, die Schulterschrägen wie beim Rückenteil arbeiten.
Das **rechte Vorderteil** gegengleich beenden.
▶

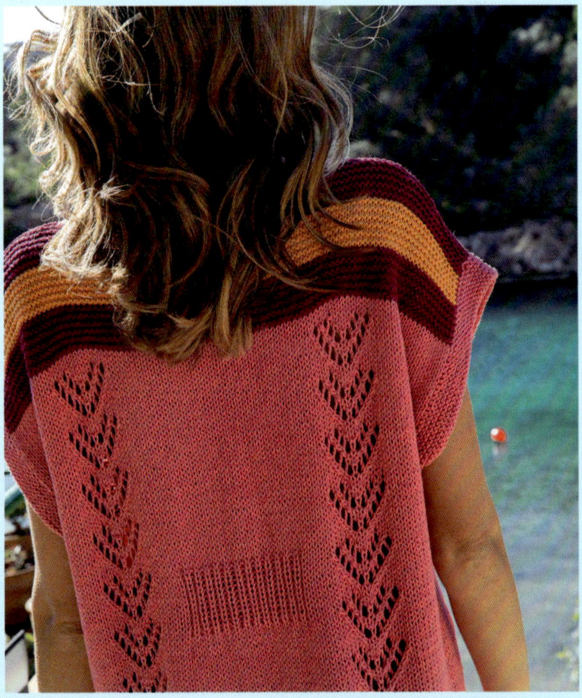

ZACKENMUSTER

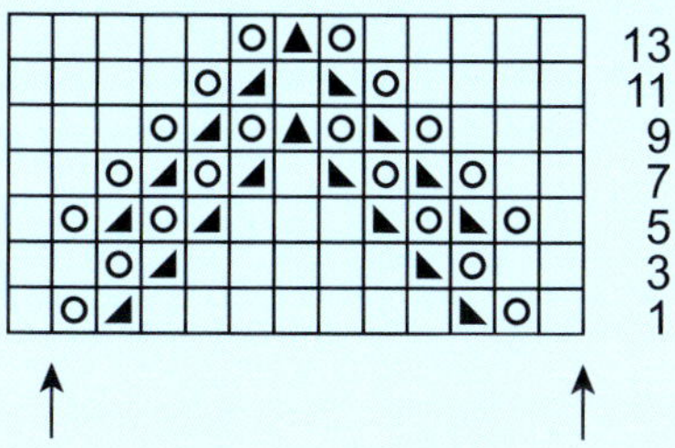

FISCHGRÄT-STREIFEN

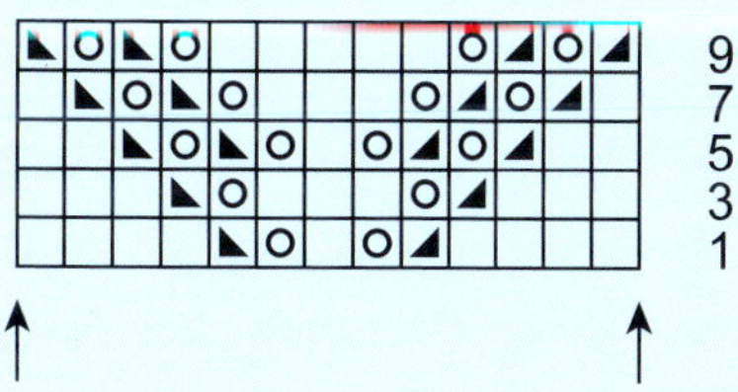

ZEICHENERKLÄRUNG:

= 1 Masche rechts

= 1 Umschlag

= 2 Maschen rechts zusammenstricken

= 1 Überzug (= 1 Masche wie zum Rechtsstricken abheben, 1 Masche rechts stricken, dann die abgehobene Masche überziehen)

= 1 doppelter Überzug mit aufliegender Mittelmasche (= 2 Maschen gleichzeitig wie zum Rechtsstricken abheben, 1 Masche rechts stricken, dann die abgehobenen Maschen überziehen)

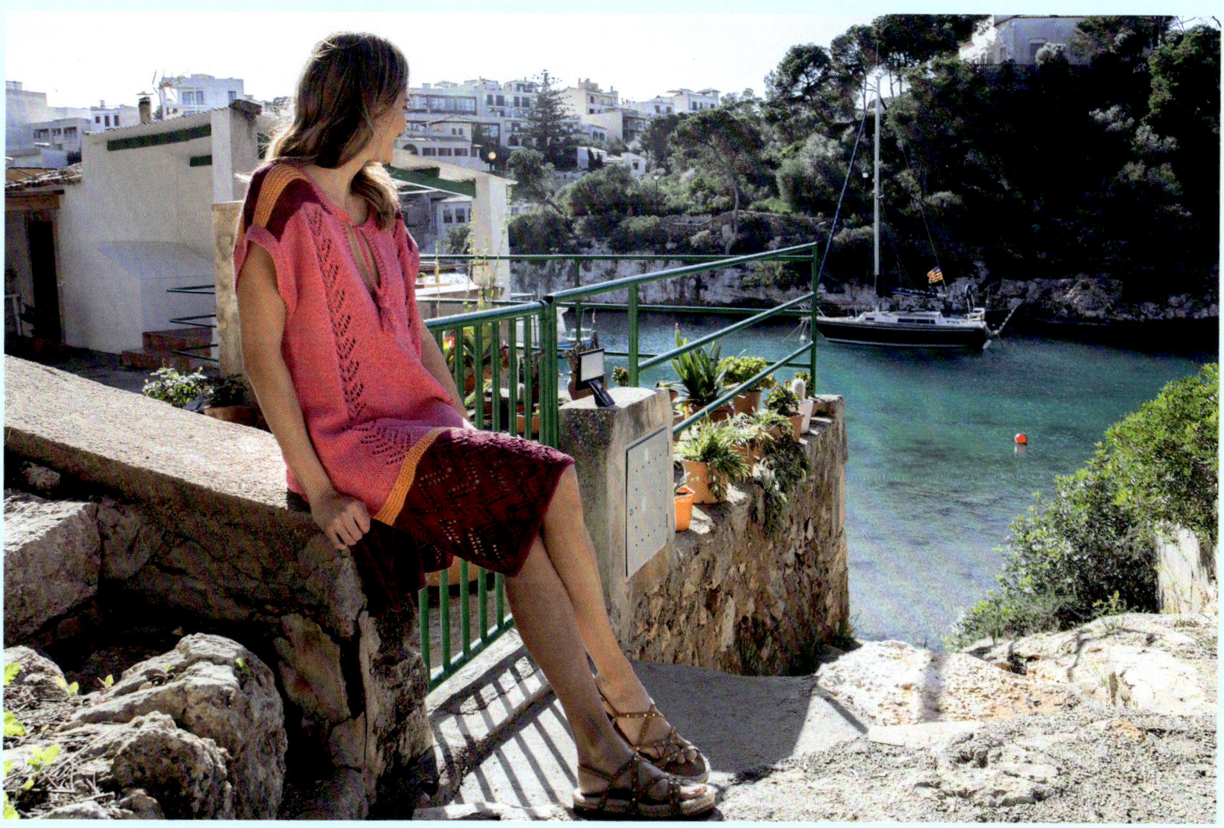

AUSARBEITUNG

Die Schulternähte schließen. Mit der Rundstricknadel in 4 mm in Pink die Blenden arbeiten: Aus dem Halsausschnitt 115 Maschen aufnehmen und 2 cm kraus rechts stricken. Die Seitennähte schließen, dabei die unteren 27,5 cm für die Schlitze und die oberen 21 cm für die Armausschnitte offenlassen. Für die Ausschnittblenden aus den Armausschnitten 94 Maschen herausstricken und ca. 3 cm kraus rechts stricken.

2 ca. 6 cm lange Quasten anfertigen. Für jede Quaste auf die obere Kante einer 6,5 cm langen Pappe je 3 ca. 60 cm lange Fäden legen und beides ca. 30-35-mal mit dem Garn umwickeln. Das Fadenbündel an der unteren Kante der Pappe durchschneiden und ca. 1 cm vom oberen Bruch fest abbinden. Die langen Fäden fest verknoten, dann die 6 Fäden in 3 Teile teilen und zu einem Zopf (ca. 20 cm) flechten. Die Quasten mit den Zopfbändchen am Ausschnitt Ansatzkante Halsausschnittbündchen festnähen.

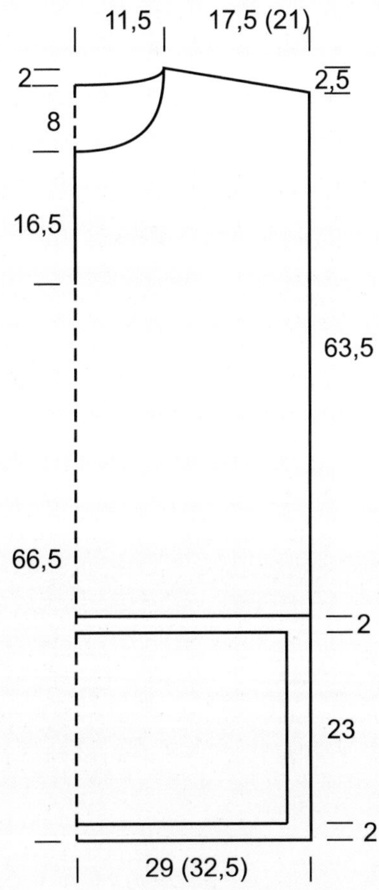

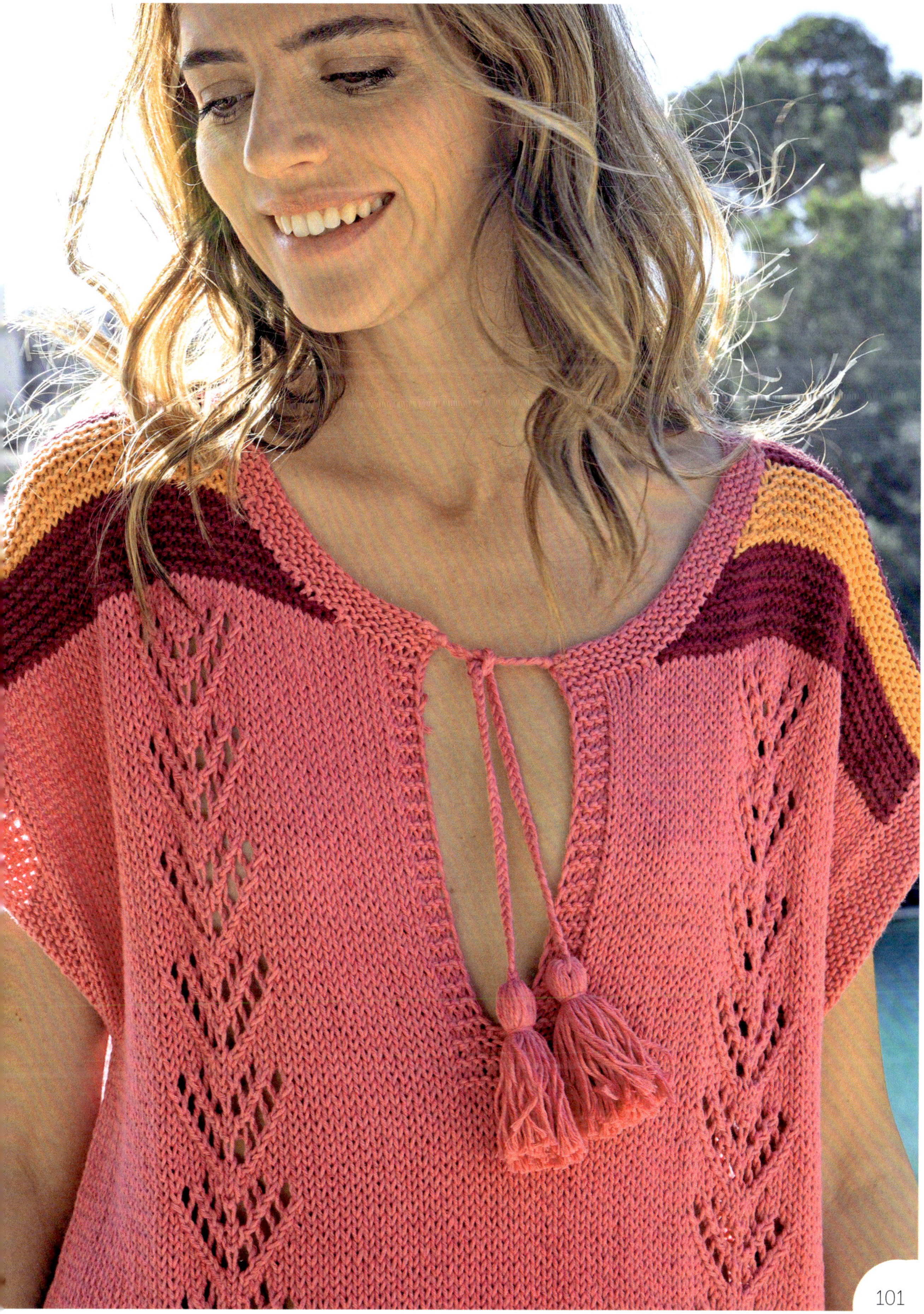

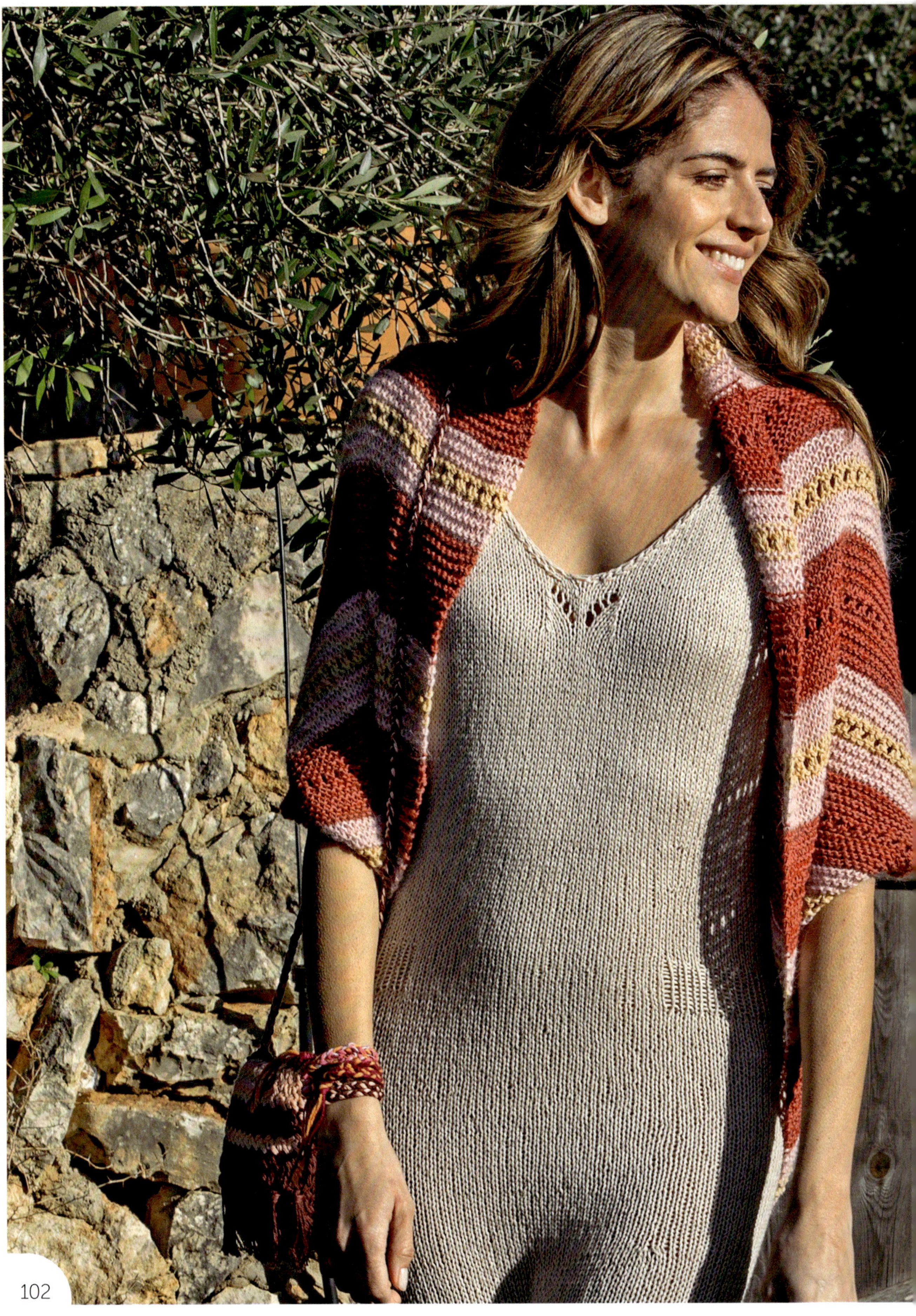

Ein Sommerabend auf dem Land

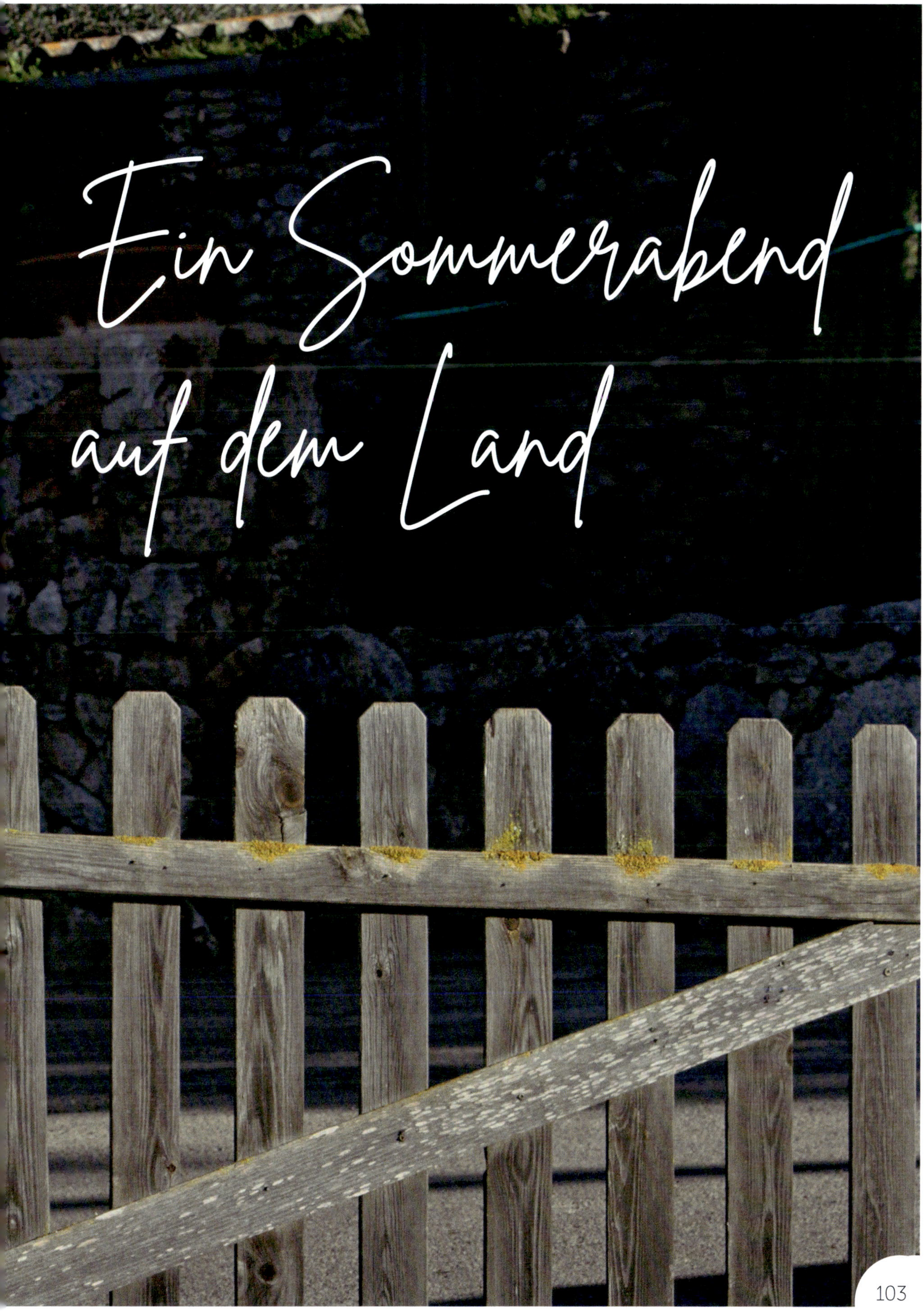

Bodenlanges Sommerkleid

34/36 – 38 - 40

Die Angaben für die kleinste Größe stehen vor der Klammer,
die für die beiden größeren Größen aufsteigend und von einem / getrennt in den Klammer.
Wird nur eine Angabe gemacht, gilt diese für alle Größen.

MATERIAL

Brigitte No. 4 (80 % Baumwolle, 20 % Baby Alpaca, LL = 110 m/50 g) von Lana Grossa: 550 (600/650) g in Hellbeige (Fb 02); je eine Rundstricknadel in 5,5 mm und 6 mm, 120 cm lang; Rundstricknadel in 5 mm, 80-100 cm lang, je eine Rundstricknadel in 4,5 mm und 4 mm, 80 cm lang; 9 Maschenmarkierer (davon 1 Markierer in einer anderen Farbe oder Form).

GRUNDMUSTER

Glatt rechts in Runden: Stets rechte Maschen stricken.
Glatt rechts in Reihen: In Hinreihen rechte Maschen, in Rückreihen linke Maschen stricken.

BESONDERE MUSTER UND MASCHEN

Ajourmuster:
Maschenzahl teilbar durch 10
Nach Strickschrift arbeiten. Es sind nur die ungeraden Runden gezeichnet. In den geraden Runden alle Maschen rechts stricken. Den Rapport von 10 Maschen stets wiederholen.
Die 1. – 16. Runde stets wiederholen.

Ausschnittmotiv:
Nach Strickschrift über 12 Maschen arbeiten. Es sind nur die Hinreihen gezeichnet, in den Rückreihen alle Maschen und Umschläge links stricken.
1x die 1. – 8. Reihe arbeiten.

2 Randmaschen (Arm- und Halsausschnitt):
An der rechten Ausschnittkante in den Hinreihen 1 Masche rechts, 1 Masche mit dem Faden vor der Arbeit abheben; in den Rückreihen die vorletzte Masche rechts, 1 Masche mit dem Faden vor der Arbeit abheben. An der linken Ausschnittkante in den Hinreihen die vorletzte Masche mit dem Faden vor der Arbeit abheben, 1 Masche rechts stricken; in den Rückreihen die erste Masche mit dem Faden vor der Arbeit abheben, 1 Masche rechts stricken.

MM abheben:
Den Maschenmarkierer von der linken auf die rechte Nadel heben.

MASCHENPROBE

10 cm hoch und 10 cm breit sind **glatt rechts** (6 mm): 14 Maschen und 23 Reihen; **glatt rechts** (5,5 mm): 16 Maschen und 24 Reihen; **glatt rechts** (5 mm): 18 Maschen und 25 Reihen; **glatt rechts** (4,5 mm): 20 Maschen und 26 Reihen.

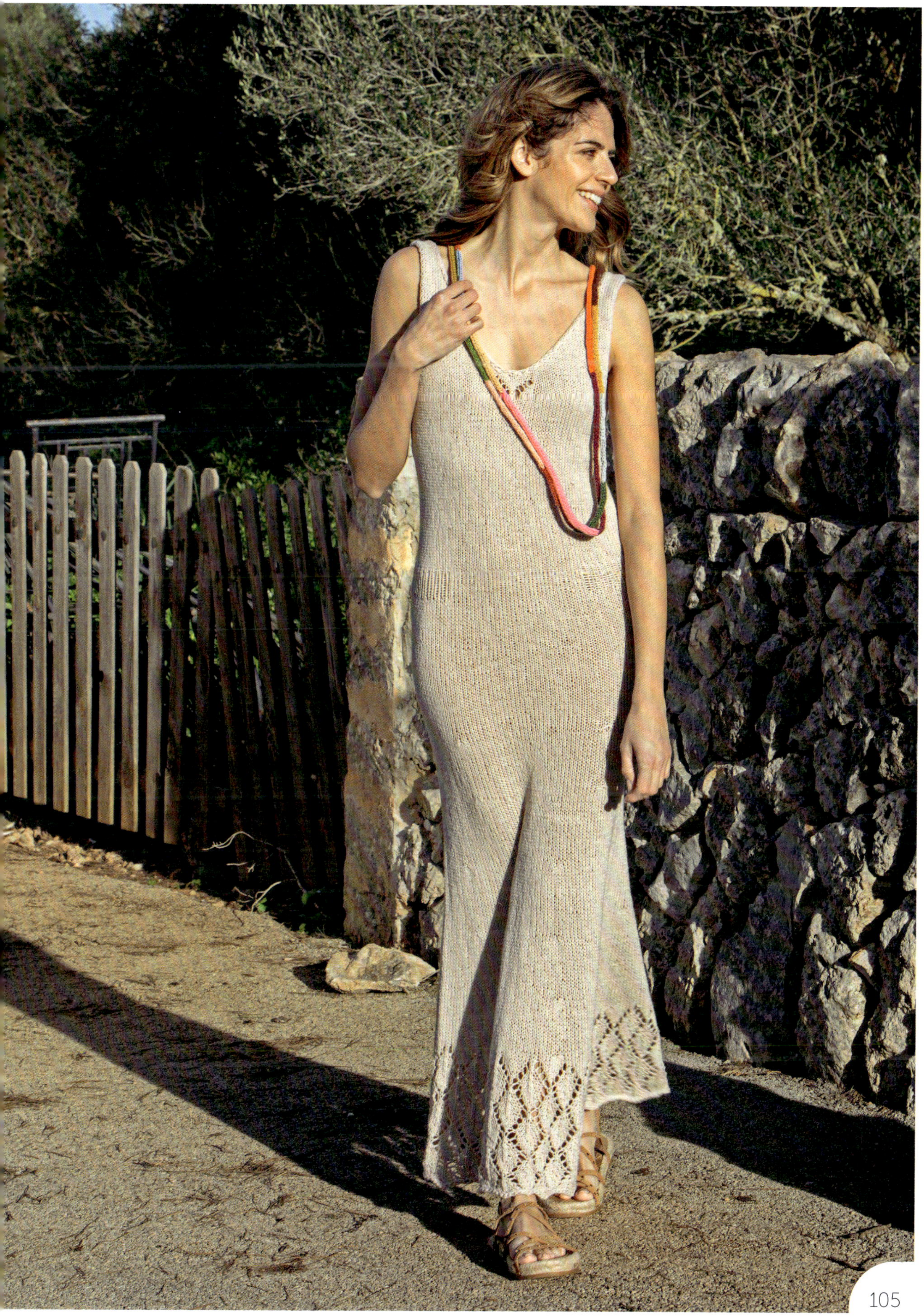

ANLEITUNG

220 (230/240) Maschen mit der langen Rundstricknadel in 6 mm anschlagen, zur Runde schließen und den Rundenübergang mit dem Markierer markieren, der sich von den übrigen Markierern unterscheidet. 2 Runden glatt rechts, 48 Runden im Ajourmuster (= 3x die 1. – 16. Runde), dann weiter glatt rechts stricken. In einer Höhe von 28 cm ab Anschlag wie folgt 8 Abnahmestellen markieren: Ab Rundenanfang = hintere Mitte jeweils nach der 14. (15./15.) Masche, der 42. (44./45.) Masche, der 69. (72./75.) Masche, der 97. (101./105.) Masche, der 124. (129./135.) Masche, der 152. (158./165.) Masche, der 179. (186./195.) Masche und der 207. (222./225.) Masche je 1 Maschenmarkierer (= MM) einhängen. Weiter glatt rechts in Runden arbeiten und in der folgenden Runde eine **Abnahmerunde** stricken: * bis 2 Maschen vor dem nächsten MM stricken, 1 Überzug (= 1 Masche wie zum Rechtsstricken abheben, 1 Masche rechts stricken, dann die abgehobene Masche überziehen), den MM abheben, 1 Masche rechts stricken, 2 Maschen rechts zusammenstricken; ab * noch 7x wiederholen (= 16 Abnahmen). Diese Abnahmerunde noch 3x in jeder 24. Runde wiederholen = 156 (166/176) Maschen

Auf die Rundstricknadel in 5,5 mm wechseln, dabei die Markierer der Abnahmestellen entfernen und nur den Markierer des Rundenübergangs noch weiter mitführen. In der 23. Runde ab Wechsel auf die dünnere Nadel 4 Abnahmestellen wie folgt markieren: Ab Rundenanfang = hintere Mitte jeweils nach der 19. (21./22.) Masche, der 58. (63./66.) Masche, der 97. (104./110.) Masche, der 136. (146./154.) Masche je 1 Markierer einhängen. Weiter glatt rechts in Runden arbeiten und in der folgenden Runde eine **Abnahmerunde** stricken: * bis 2 Maschen vor dem nächsten MM stricken, 1 Überzug (= 1 Masche wie zum Rechtsstricken abheben, 1 Masche rechts stricken, dann die abgehobene Masche überziehen), den MM abheben, 1 Masche rechts stricken, 2 Maschen rechts zusammenstricken; ab * noch 3x wiederholen (= 8 Abnahmen). Diese Abnahmerunde noch 1x in jeder 24. Runde wiederholen = 140 (150/160) Maschen.

Noch 24 Runden glatt rechts ohne Abnahmen arbeiten.

Auf die Rundstricknadel in 5 mm wechseln und ohne Abnahmen weiterstricken, die MM aber noch nicht entfernen. In einer Höhe von 92 cm ab Anschlag auf die Rundstricknadel in 4,5 mm wechseln und zwischen dem 1. und 2. MM und dem 3. und 4. MM über je 35 (37/39) Maschen 1 Masche links, 1 Masche rechts im Wechsel stricken, die übrigen Maschen weiter glatt recht gestrickt. Nach 4 cm mit der Rundstricknadel in 4,5 mm über alle Maschen glatt rechts stricken. Nach weiteren 4 cm vor dem 2. und 4. MM jeweils 1 Masche rechts verschränkt zunehmen, nach dem 1. und 3. MM jeweils 1 Masche links verschränkt zunehmen (= 4 Zunahmen). Noch 2x in jeder 8. Reihe jeweils vor bzw. nach den zugenommenen Maschen wiederholen = 152 (162/172) Maschen.

In der folgenden Runde die MM der Zunahmestellen entfernen und nun die beiden Seitennaht-Stellen markieren: Ab Rundenanfang nach der 38. (40./43.) Masche und der 114. (121./129.) Masche je einen MM einhängen, gleichzeitig für die mittlere Größe auf beiden Seiten der Seitennaht (also jeweils für Vorderteil und für Rückenteil) je 1 Masche zunehmen = 152 (164/172) Maschen (= 76+76 (82+82/86+86) Maschen).

In einer Höhe von 17 (18/19) cm ab Ende des Rippenmusters für den **rückwärtigen Halsausschnitt** die mittleren 4 Maschen (= die letzten 2 Maschen vor und die ersten 2 Maschen nach dem Rundenübergang) abketten und glatt rechts in Hin- und Rückreihen mit jeweils 2 Randm weiterarbeiten, dabei in der 1. Hinreihe: 2 Randm wie beschrieben, 1 Überzug glatt rechts bis zu den letzten 4 Maschen glatt rechts 2 Maschen rechts zusammenstricken, 2 Randm = 2 Abnahmen. Die Abnahmen noch 8x (9x/9x) in jeder 2. Reihe und noch 11x in jeder 4. Reihe wiederholen.

Gleichzeitig in einer Höhe von 22 (22,5/23) cm ab Ende des Rippenmusters mit den Armausschnitten beginnen und die Arbeit an den beiden markierten Stellen teilen. Nun zunächst die **linke Rückenteilseite** beenden, die restlichen Maschen stilllegen: Für den Armausschnitt vor den Randm in jeder 2. Reihe 6x (7x/8x) je 2 Maschen rechts zusammenstricken, den rückwärtigen Ausschnitt wie beschrieben weiterarbeiten. In 139 (140,5/142) cm Höhe ab Anschlag = 43 (44,5/46) cm ab Ende des Rippenmusters die verbleibenden 12 (13/14) Maschen für die Schulter abketten. Den Faden am rechten rückwärtigen Ausschnittrand ansetzen und über die stillgelegten Maschen des **rechten Rückenteilseite arbeiten** (die Maschen des Vorderteils bleiben weiterhin stillgelegt) und gegengleich beenden. Bei den Abnahmen für die Armausschnitte nach den Randm 1 Überzug arbeiten, bei den Abnahmen für den Halsausschnitt vor den Randm wie beschrieben 2 Maschen rechts zusammenstricken.

Nun das **Vorderteil** beenden und für die Armausschnitte beidseitig wie beim Rückenteil jeweils 6x (7x/8x) in jeder 2. Reihe nach der 2 Randm am Reihenanfang 1 Überzug arbeiten, am Ende der Reihe vor den 2 Randm 2 Maschen rechts zusammenstricken.

In einer Höhe von 22 (22,5/23) cm ab Ende des Rippenmusters in der vorderen Mitte das Motiv nach Strickschrift arbeiten. In einer Höhe von 25,5 (26/26,5) cm ab Ende des Rippenmusters für den vorderen Halsausschnitt die Arbeit wieder teilen und zunächst die **linke Vorderteilseite** beenden. Nach den Randm 20x (21x/21x) in jeder 2. Reihe einen Überzug arbeiten. In einer Höhe von 139 (140,5/142) cm ab Anschlag und 43 (44,5/46) cm ab Ende des Rippenmusters die beidseitig jeweils verbleibenden 12 (19/19) Maschen für die Schultern abketten. ▶

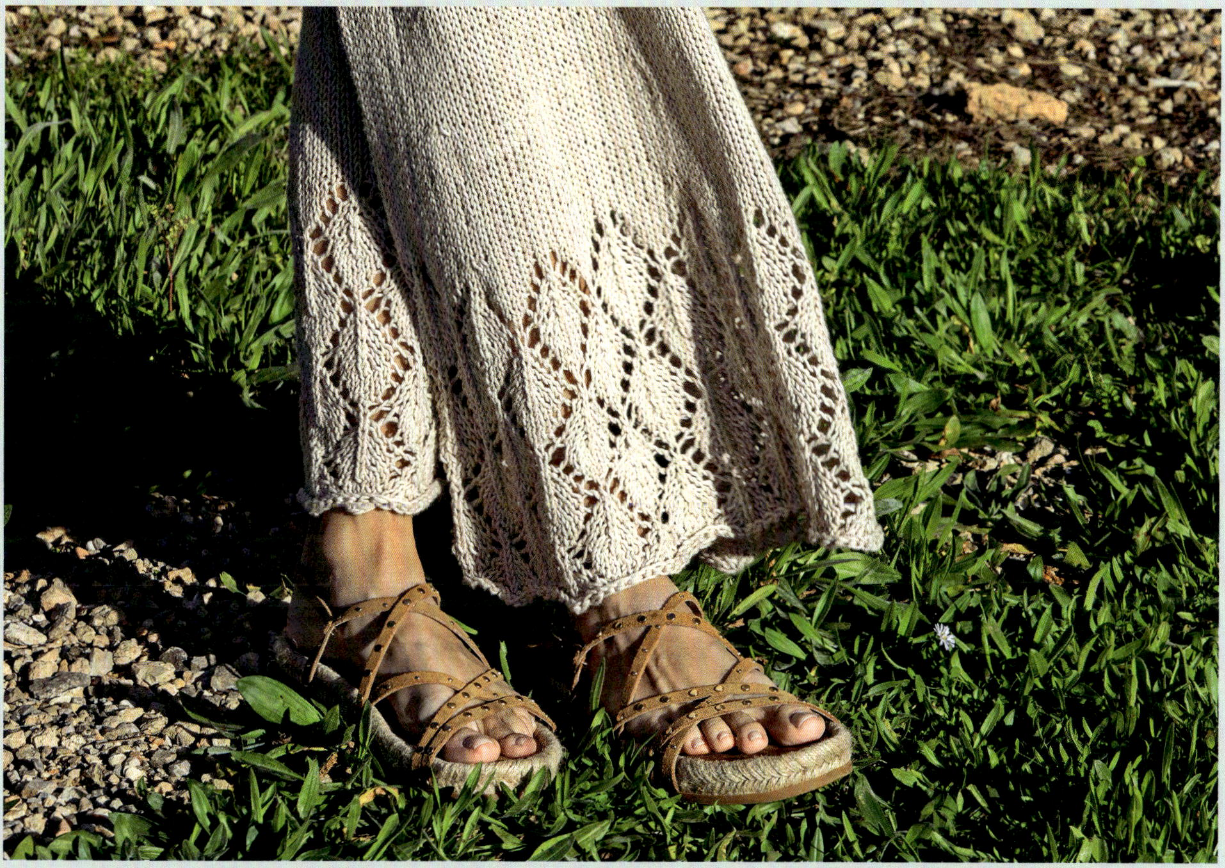

AUSARBEITUNG

Die Schulternähte schließen.

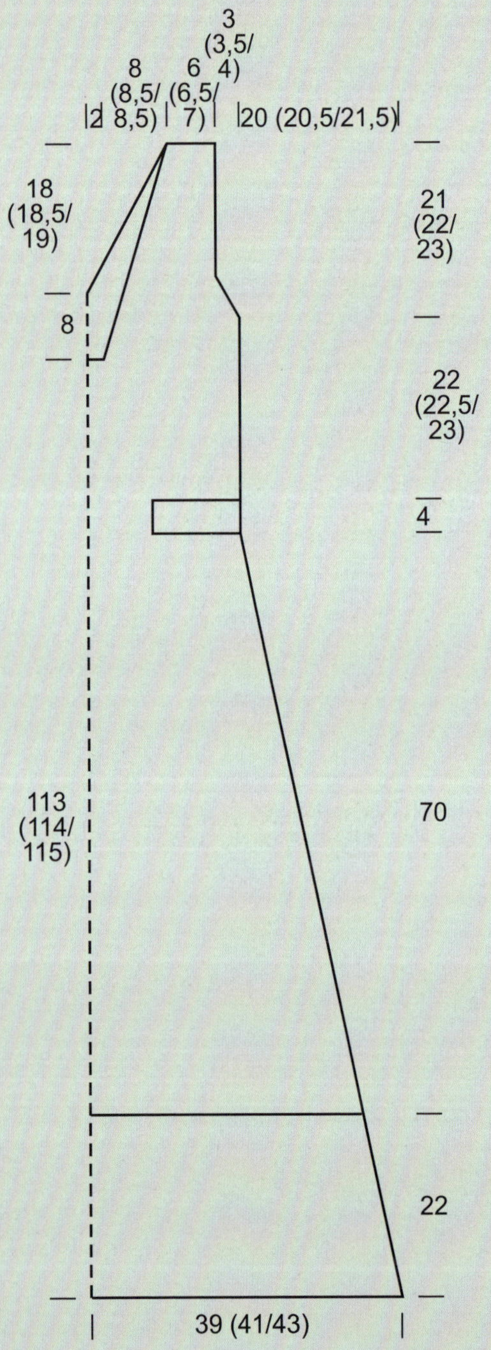

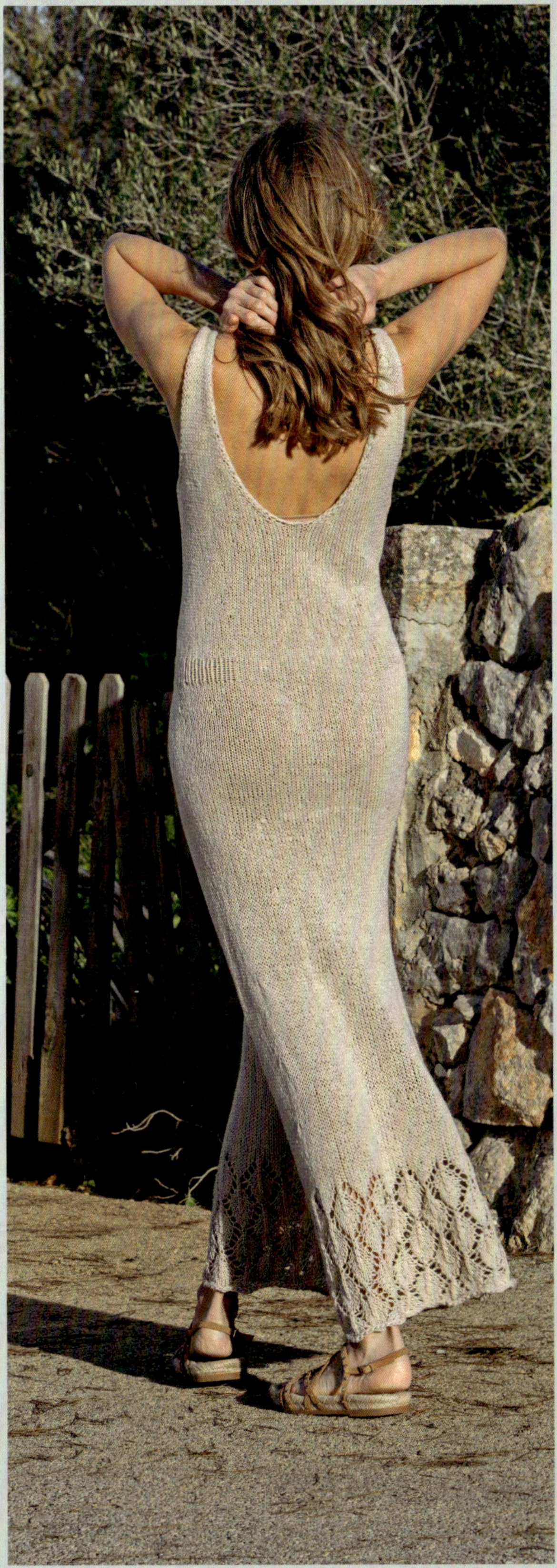

AJOURMUSTER

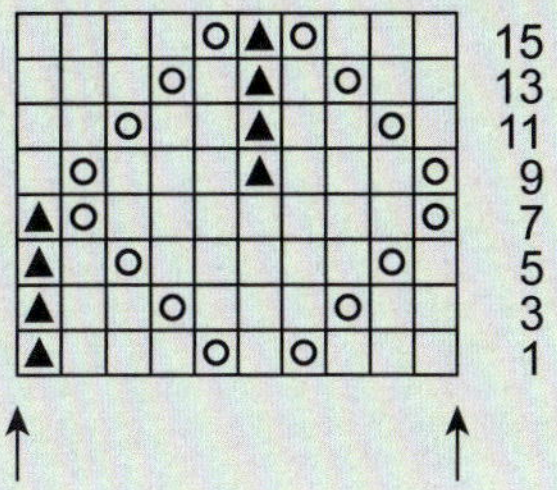

AUSSCHNITTMOTIV

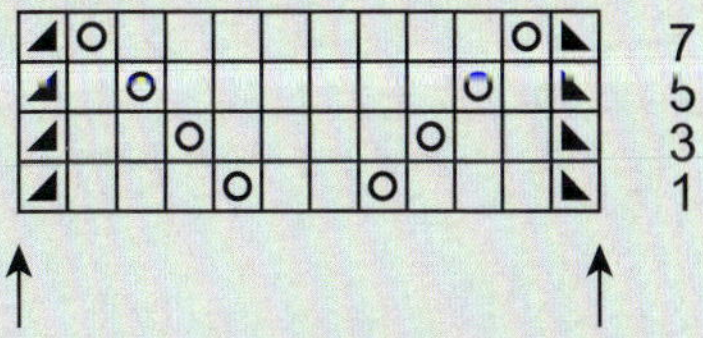

ZEICHENERKLÄRUNG:

□ = 1 Masche rechts

○ = 1 Umschlag

◢ = 2 Maschen rechts zusammenstricken

◣ = 1 Überzug (= 1 Masche wie zum Rechtsstricken abheben, 1 Masche rechts stricken, dann die abgehobene Masche überziehen)

▲ = 1 doppelter Überzug mit aufliegender Mittelmasche (= 2 Maschen zusammen wie zum Rechts stricken abheben, 1 Masche rechts stricken, dann die beiden abgehobenen Maschen überziehen)

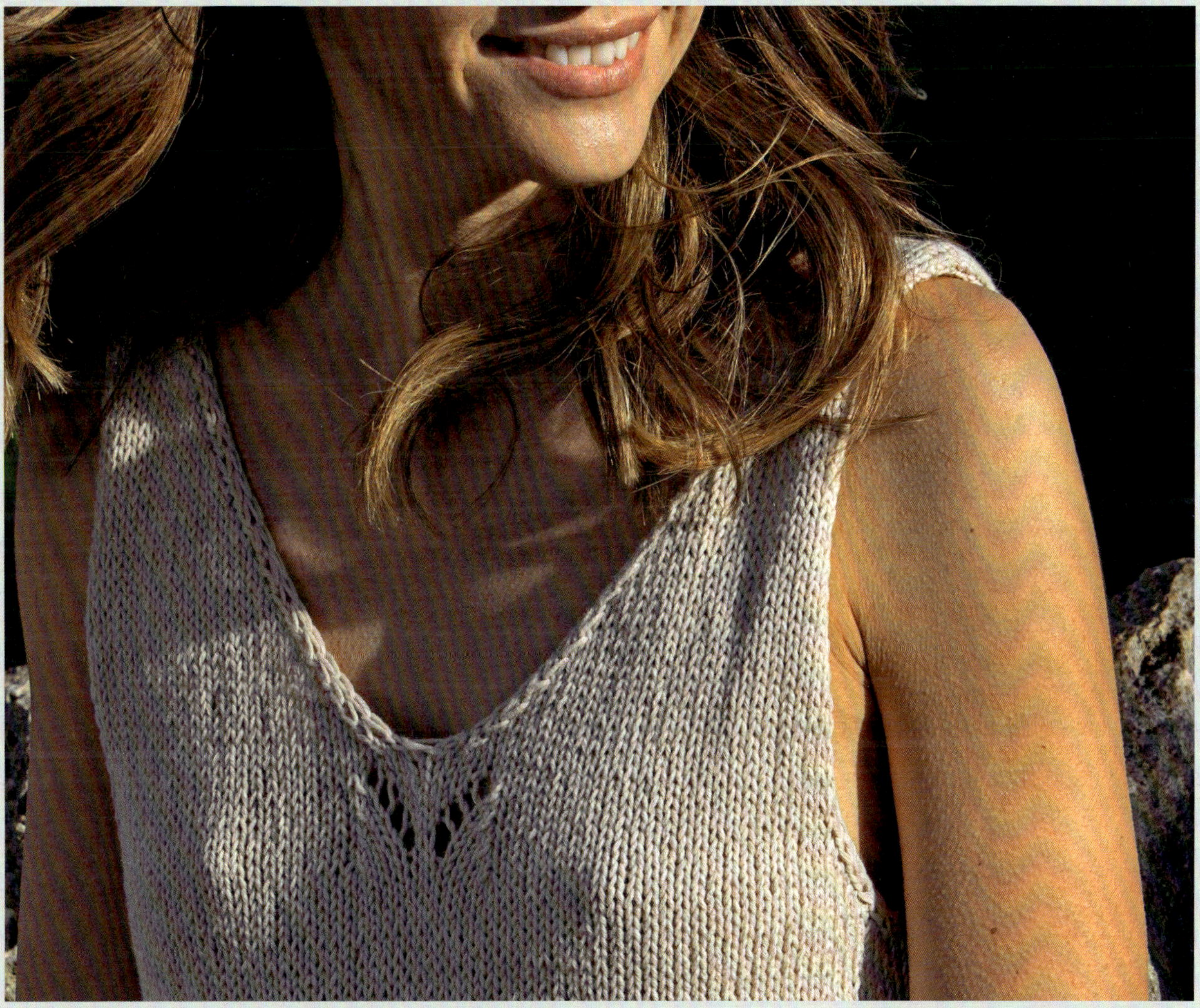

Raffinierter Streifen - Poncho

Einheitsgröße

MATERIAL

Cottina (100 % Baumwolle, LL = 140 m/50 g) von ggh: 150 g gebrannter Ton (Fb 024), je 100 g Altrosa (Fb 032) und Karamell (Fb 033); Lacy (80 % Schurwolle, 20 % Seide, LL = 150m/25 g) von ggh: 75 g Kardinalrot (Fb 011); Suri Alpaka (100 % Alpaca, LL = 133 m/25 g) von ggh: 50 g Puderrosa (Fb 004); Rundstricknadel in 5,5 mm.

GRUNDMUSTER

Kraus rechts: In Hin- und Rückreihen stets rechte Maschen stricken.

BESONDERE MUSTER

Muster 1:
1. - 10. Reihe: 10 Reihen kraus rechts stricken.
11. Reihe: 2 Masche rechts, * 1 Umschlag, 2 Maschen rechts zusammenstricken; ab * wiederholen, 1 Masche rechts.
12. – 20. Reihe: 9 Reihen kraus rechts stricken.

Muster 2:
1. – 2. Reihe: 2 Reihen kraus rechts stricken.
3. Reihe: 2 Maschen rechts, * 1 Umschlag, 2 Maschen rechts zusammenstricken; ab * wiederholen, 1 Masche rechts.
4. Reihe: Alle Maschen kraus rechts stricken.

MASCHENPROBE

10 cm hoch und 10 cm breit sind **kraus rechts** (5,5 mm): 16 Maschen und 27,5 Reihen.

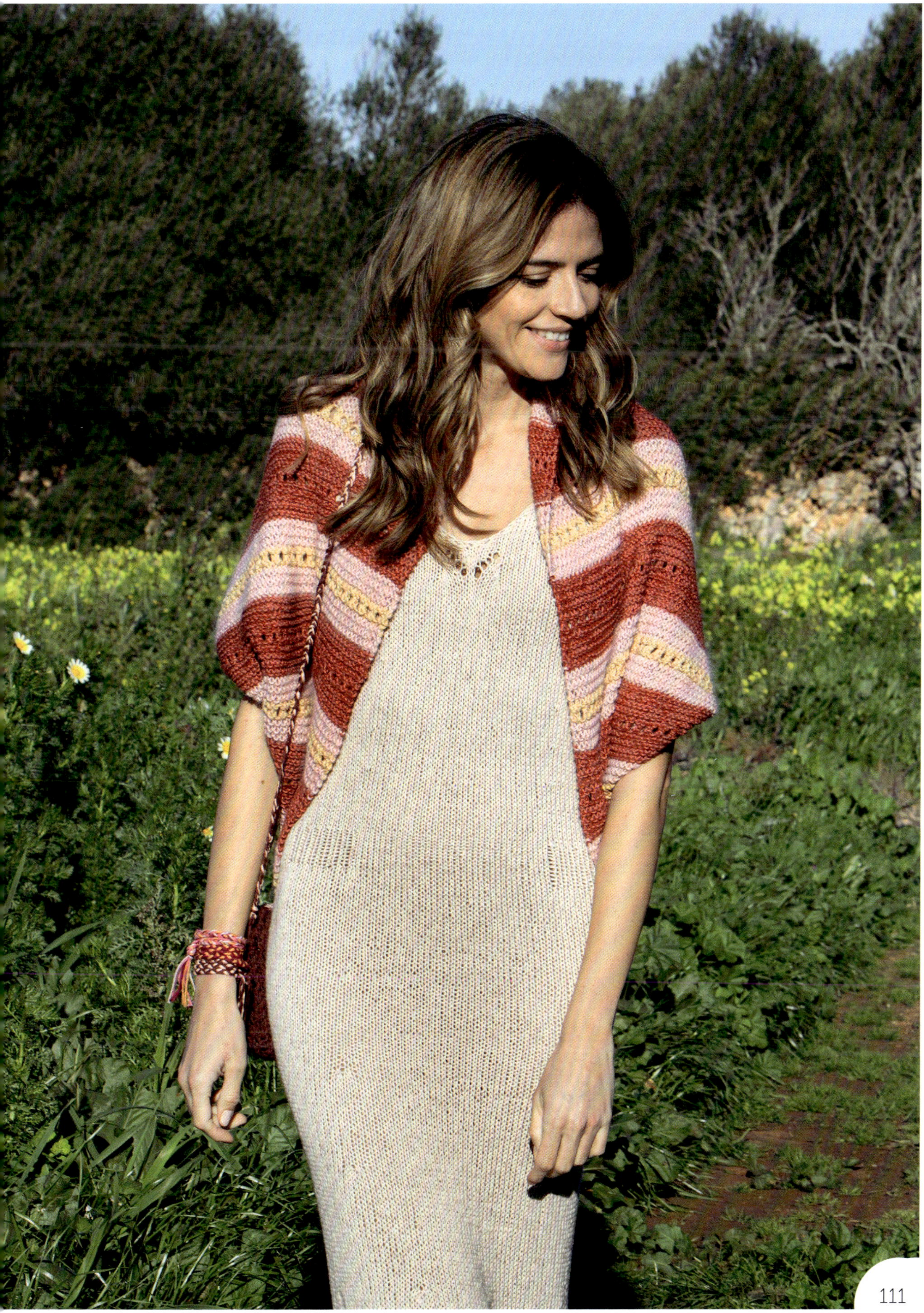

ANLEITUNG

Es wird stets 2-fädig in folgenden Farbkombinationen gestrickt: je 1 Faden in Gebrannter Ton und Kardinalrot, je 1 Faden in Altrosa und Puderrosa oder mit 2 Fäden Karamell.

65 Maschen mit je 1 Faden Gebrannter Ton und Kardinalrot anschlagen und 12 Reihen kraus rechts stricken, dann in folgender Muster– und Streifenfolge weiterarbeiten:
6 Reihen kraus rechts (Altrosa + Puderrosa),
4 Reihen Muster 2 (Karamell/Karamell),
6 Reihen kraus rechts (Altrosa + Puderrosa),
* 20 Reihen Muster 1 (Gebrannter Ton + Kardinalrot),
6 Reihen kraus rechts (Altrosa + Puderrosa),
4 Reihen Muster 2 (Karamell/Karamell),
6 Reihen kraus rechts (Altrosa + Puderrosa);
ab * noch 4x wiederholen,
enden mit 12 Reihen kraus rechts (Gebrannter Ton + Kardinalrot) = 220 Reihen.

Nach 220 Reihen in einer Höhe von 80 cm ab Anschlag alle Maschen abketten. Ein 2. Rechteck auf gleiche Weise arbeiten.

AUSARBEITUNG

Beide Rechtecke dem Schnitt entsprechend in den Bruch legen und an einer Seitenkante im Matratzenstich schließen, dabei ca. 15 cm ab Bruch für den Armausschnitt offenlassen. Die Anschlag- und Abkettkante liegen nebeneinander und ergeben die rückwärtige Mittelnaht. Die beiden Teile nun an dieser rückwärtigen Mittelnaht verbinden.

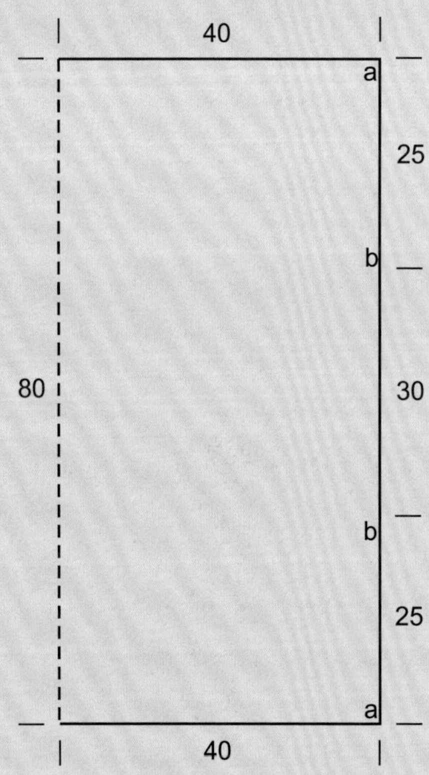

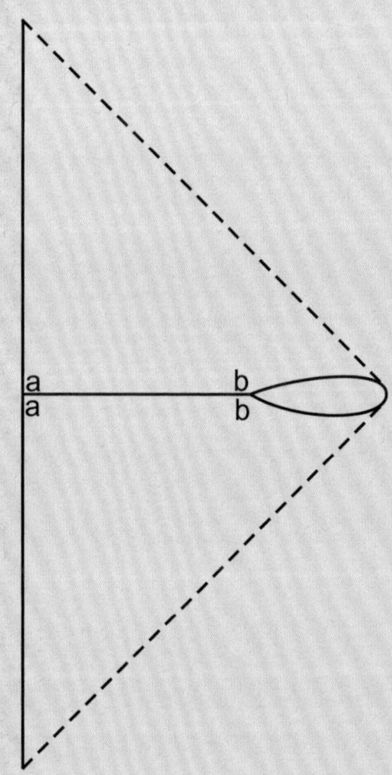

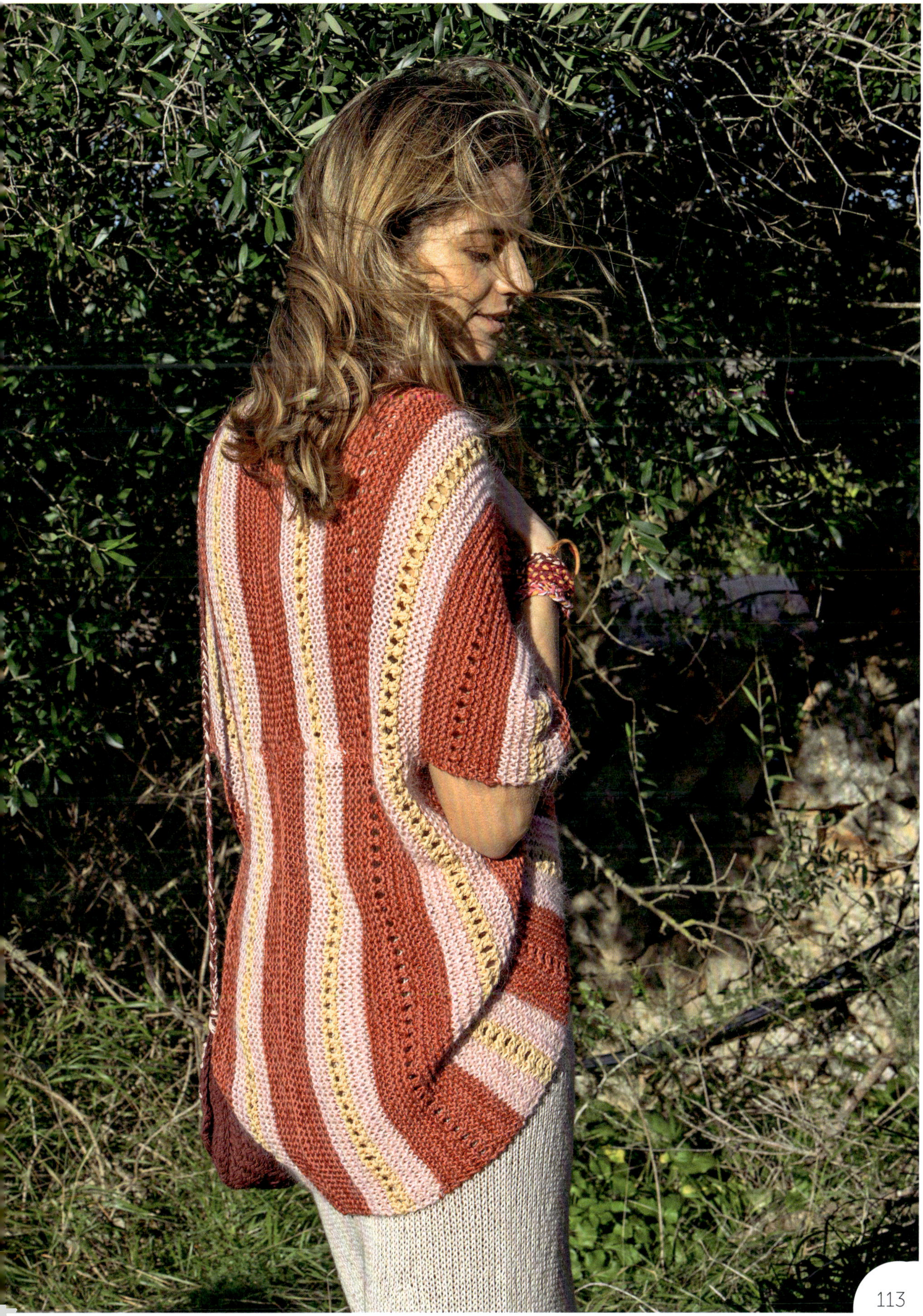

Kleine Fransentasche

13 cm breit, 17 cm hoch ohne Träger

MATERIAL

Imagine (50 % Baumwolle, 50 % Recycled Pet/Plastik, LL = 120 m/50 g) von Lana Grossa: 100 g Dunkelrot (Fb 34), 50 g Lachs (Fb 32); Rundstricknadel in 6 mm; Häkelnadel in 5 mm.

MUSTER

Fischgrätmuster:
gerade Maschenanzahl
In den Hinreihen: 1 Randm, 1 Masche rechts, * 1 Masche wie zum Rechtsstricken abheben, 1 Masche rechts stricken, die abgehobene Masche überziehen, aber noch auf der linken Nadel festhalten, noch einmal in die abgehobene Masche einstechen und rechts stricken. Nun die Masche von der Nadel gleiten lassen; ab * stets wiederholen, 1 Masche rechts, 1 Randm.
In den Rückreihen: 1 Randm, * 2 Maschen rechts zusammenstricken, die Masche nicht von der linken Nadel gleiten lassen, sondern in die 1. der beiden Maschen noch einmal einstechen und links stricken, dann die Masche von der Nadel gleiten lassen; ab * stets wiederholen, 1 Randm.

MASCHENPROBE

10 cm hoch und 10 cm breit sind im **Fischgrätmuster** (2-fädig): 20 Maschen und 18 Reihen.

ANLEITUNG

Es wird stets 2-fädig gestrickt. 26 Maschen in Dunkelrot mit der Rundstricknadel anschlagen und in folgender Farbfolge im Fischgrätmuster stricken: 64 Reihen in Dunkelrot, dann 6 Reihen in Lachs, 4 Reihen in Dunkelrot, 2 Reihen in Lachs, 4 Reihen in Dunkelrot. Anschließend alle Maschen abketten.

AUSARBEITUNG

Das Rechteck 16 cm ab Anschlag in den Bruch und die Kanten übereinanderlegen. Die Seitenkanten für den Taschenbeutel mit Kettmaschen zusammenhäkeln. Die ca. 12 cm für die Taschenklappe von der rechten Seite mit festen Maschen umhäkeln.
4 Fäden in Dunkelrot und 2 Fäden in Lachs in einer Länge von je 350 cm zuschneiden und die 6 Fäden durch die seitliche Kante oberhalb des Taschenbeutels fädeln und auf gleiche Länge ziehen. Aus den 12 Fadenenden einen Zopf für den Trageriemen flechten, bis dieser ca. 100 cm lang ist. Die 12 Fäden in eine Wollnadel fädeln und von innen nach außen der gegenüberliegenden rechte Kante fädeln. Mit der Nadel durch die Mitte des Zopfs stechen und die Fäden zum Inneren der Tasche durchziehen. Die Fäden vernähen oder einmal um den Zopf knoten nach außen als Fransen hängen lassen.
Für die Fransen an der Taschenklappe 7x (oder nach Belieben) je 4 Fäden in ca. 18 cm Länge zuschneiden und in gleichmäßigen Abständen an die untere Kante knüpfen.

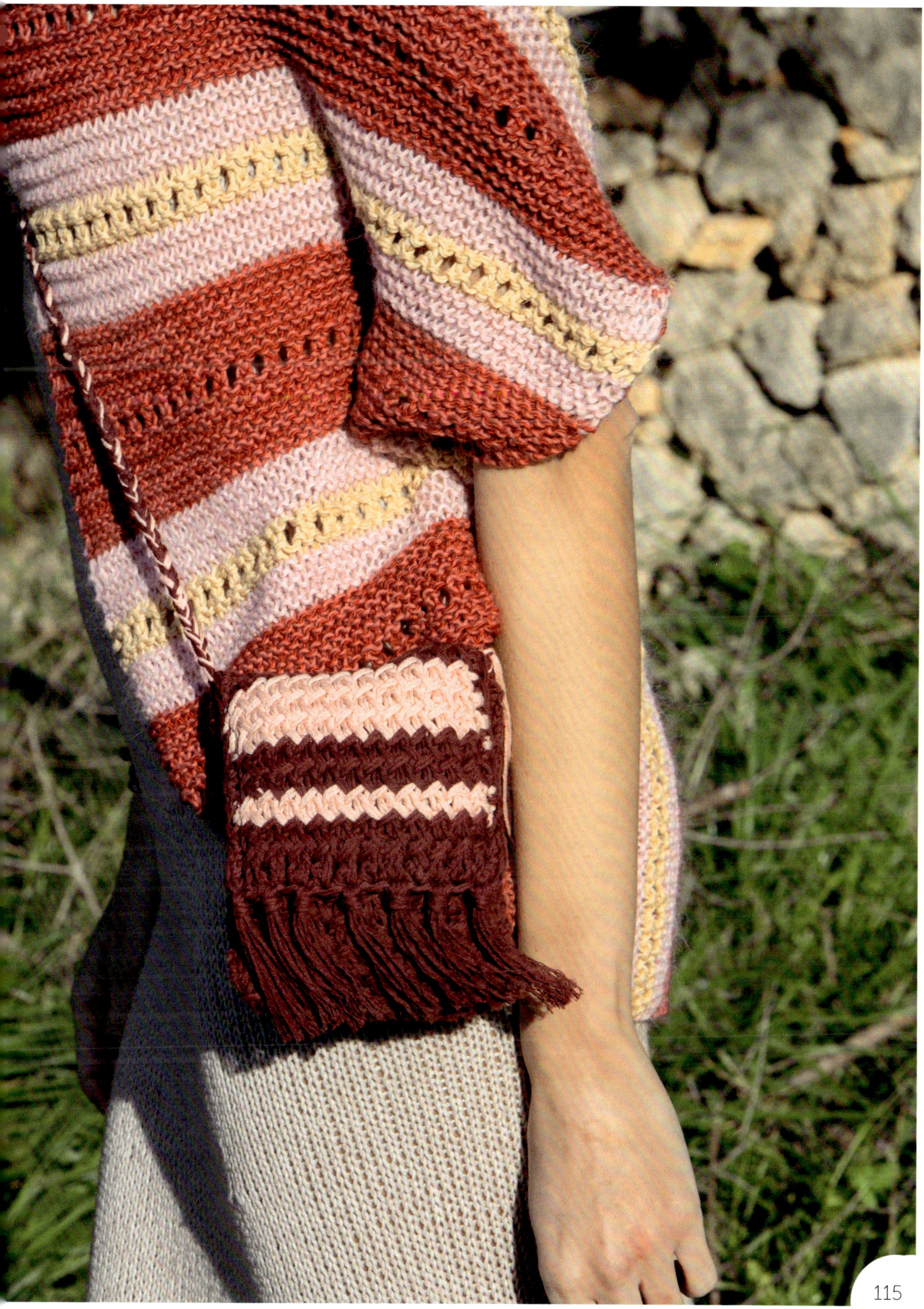

Fröhliche Strickschnur-Ketten

Länge nach Belieben

MATERIAL

Reste in unterschiedlichen Farben; 2 Nadeln eines Nadelspiels in 4 mm.

ANLEITUNG

4 Maschen mit 2 Nadeln eines Nadelspiels anschlagen und eine I-Cord-Strickschnur in beliebiger Länge und Farbkombination anfertigen. Dafür 1 Reihe rechts stricken, der Faden hängt am Ende der Reihe. * Die Maschen wieder an den Anfang der Nadel schieben. Den Faden hinter der Arbeit an den Anfang der Reihe holen und die Maschen erneut rechts stricken; ab * stets wiederholen.
Bis zur gewünschten Länge in beliebiger Farbfolge stricken. Zum Abketten den Faden abschneiden und 1x ringsum durch die 4 Maschen ziehen.

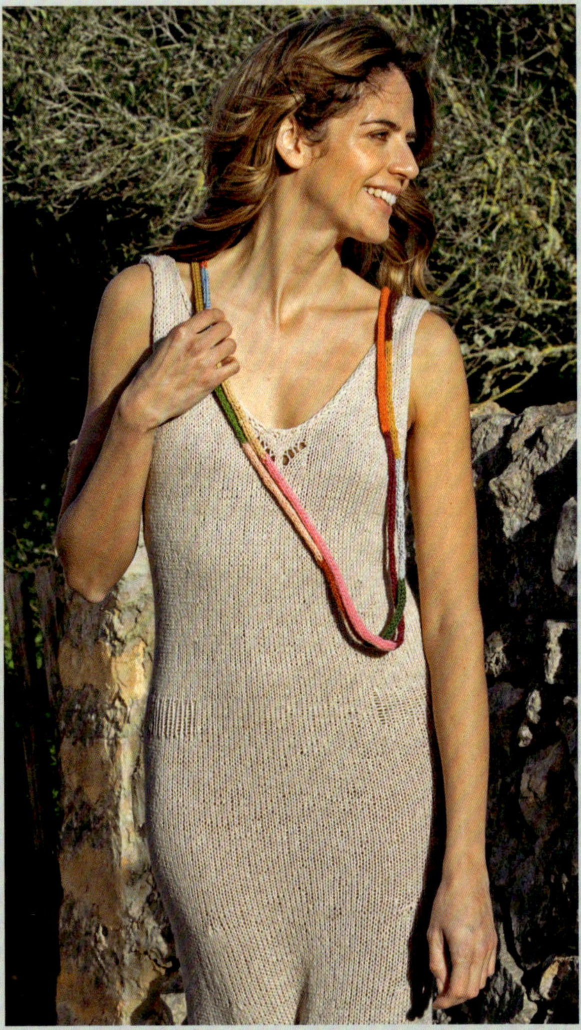

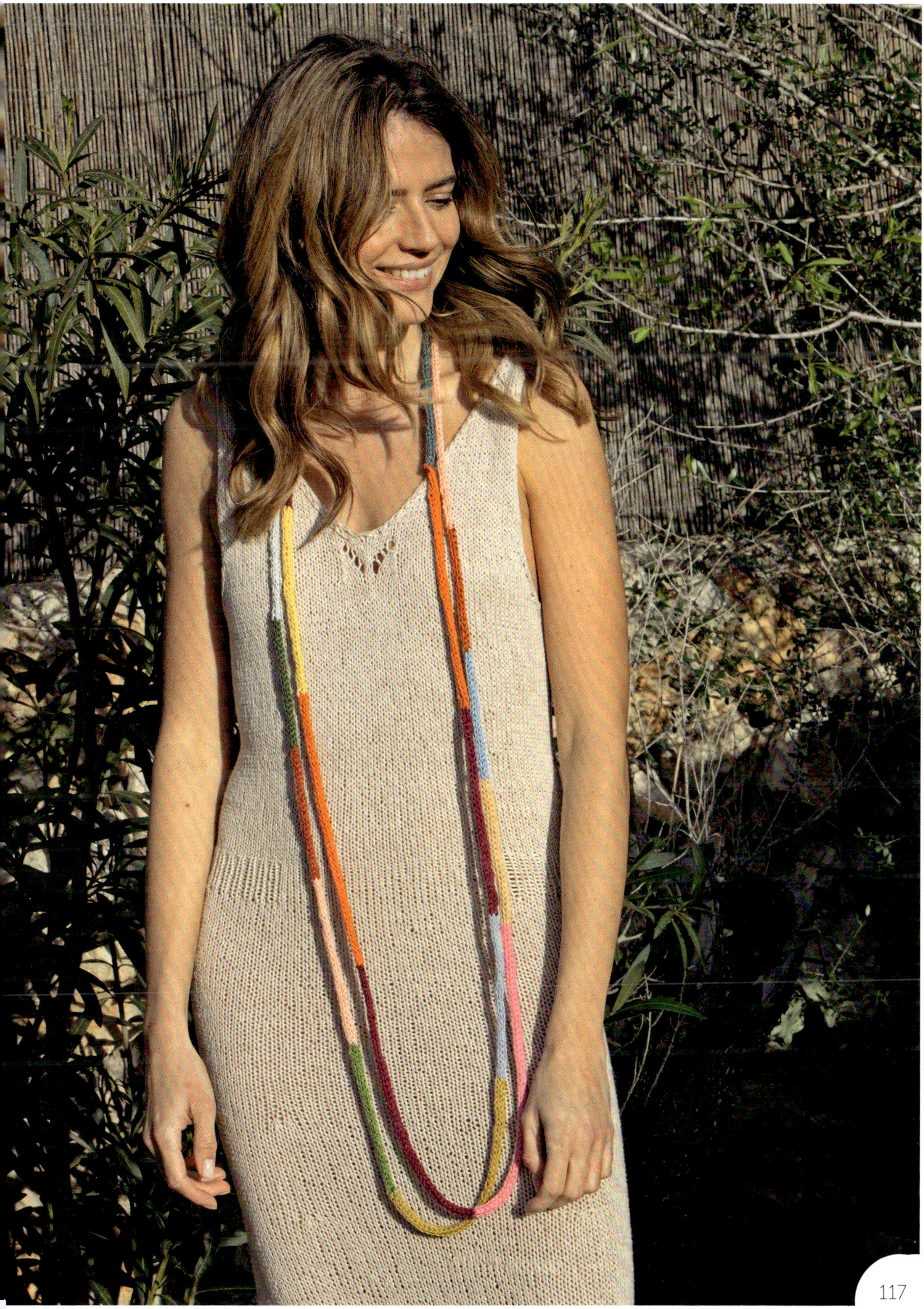

Längsgestreiftes Sonnentop

36/38 - 40/42

Die Angaben für die kleinere Größe stehen vor der Klammer, die für die größere Größe stehen in den Klammern. Wird nur eine Angabe gemacht, gilt diese für alle Größen.

MATERIAL

Landlust Sommerseide (50 % Seide, 50 % Baumwolle, LL = 170 m/50 g) von Lana Grossa: 150 (200) g Laubgrün (Fb 31), 100 (150) g Hellblau (Fb 27), 100 (150) g Eisgrau (Fb 26), 50 g (bzw. ein Rest) Goldgelb (Fb 18); Rundstricknadel in 4 mm; Häkelnadel in 5 mm.

MUSTER

Farbrippenmuster:
Nach Strickschrift arbeiten. Es sind Hin- und Rückreihen gezeichnet. Jeweils in der abgebildeten Farbe die notierte Masche stricken, dabei auf die unterschiedliche Bedeutung der Zeichen für Hin- und Rückreihen achten. Alle Maschen der Reihe wie die notierten Maschen arbeiten.
Die 1. – 32. Reihe stets wiederholen.

MASCHENPROBE

10 cm hoch und 10 cm breit sind im **Farbrippenmuster** (4 mm): 24 Maschen und 36 Reihen.

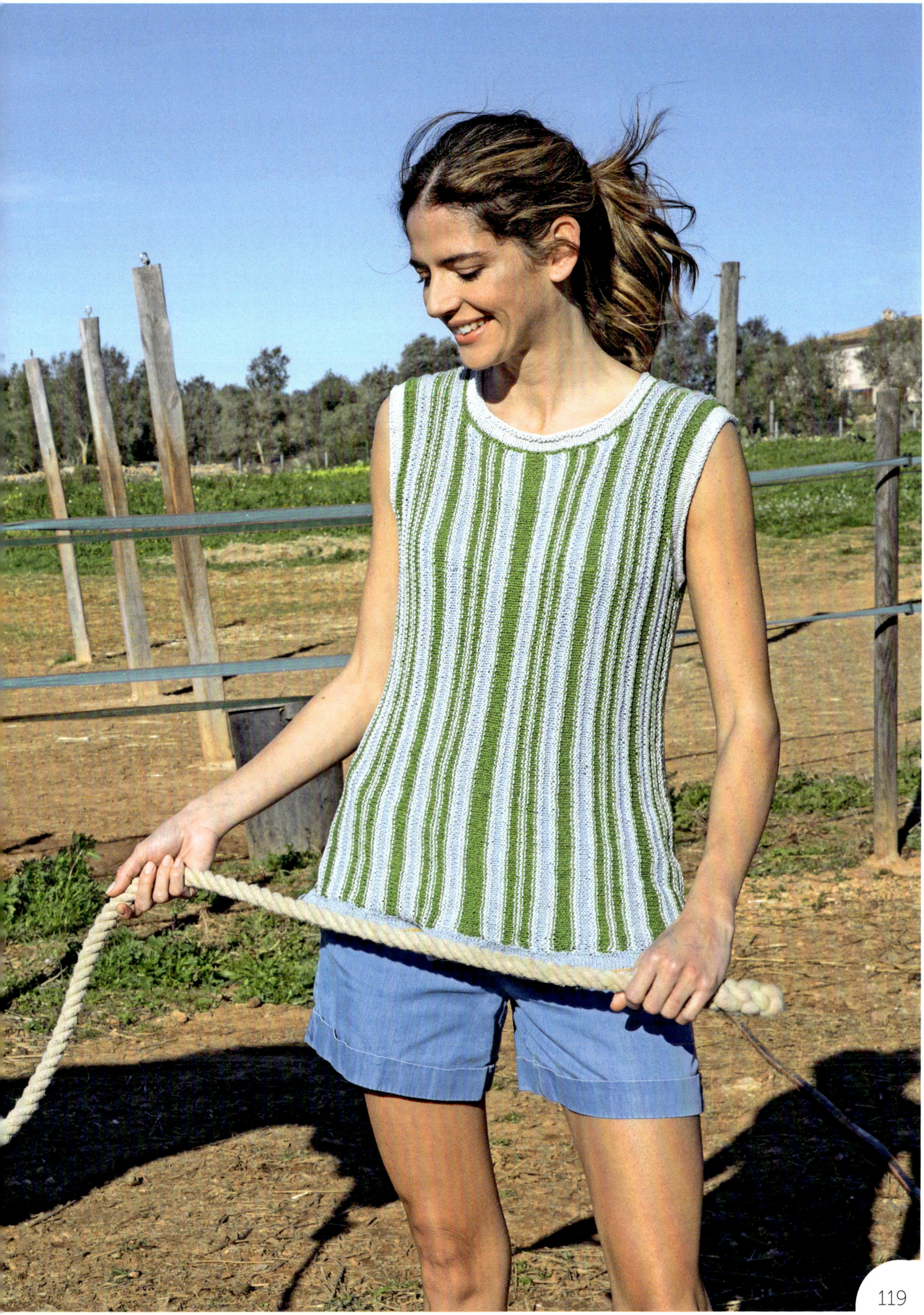

ANLEITUNG

Das Top wie folgt aus der Mitte heraus querstricken:

Für das **Rückenteil** mit einem glatten Extrafaden ca. 130 (135/140) Luftmaschen häkeln. Zunächst wie folgt die **rechte Rückenteilhälfte** arbeiten: In Laubgrün mit der Rundstricknadel aus den rückwärtigen Querfäden der Luftmaschenkette 122 (126/130) Maschen herausstricken, 4 Reihen glatt rechts stricken, dann beginnend mit Reihe 1 in der Muster- und Farbfolge nach Strickschrift arbeiten. Nach 8 cm Höhe für den Halsausschnitt am linken Strickrand 1x 1 Masche und noch 4x in jeder 2. Reihe je 1 Masche wie folgt zunehmen: Bis zu den letzten 3 Maschen im Farbrippenmuster, 1 Masche rechts verschränkt aus dem Querfaden zunehmen, 3 Maschen im Farbrippenmuster stricken, dabei die zugenommenen Maschen in den folgenden Reihen ebenfalls im Muster stricken = 127 (131/135) Maschen.

8 (9,5/11) cm gerade hochstricken, dann nach 19 (20,5/22) cm ab Anschlag für den **Armausschnitt** von der Schulterkante aus 34 Maschen abketten und in jeder 2. Reihe noch 6x 1 Masche und 3x (4x/5x) je 2 Maschen abketten = 81 (83/85) Maschen. In ca. 24 (26/28) cm Höhe die restlichen 81 (83/85) Maschen abketten oder stilllegen. Für die **linke Rückenteilhälfte** die Luftmaschenkette auftrennen, die 122 (126/128) offenen Maschen auf die Nadel nehmen und gegengleich arbeiten. Für die Abnahmen des Halsausschnitts 1 Randm und 2 Maschen dem Muster entsprechend stricken, dann 1 Masche verschränkt aus dem Querfaden stricken.

Für das Vorderteil mit einem glatten Extrafaden ca. 110 (120/130) Luftmaschen häkeln. Zunächst wie folgt die **rechte Vorderteilhälfte** arbeiten: In Laubgrün mit der Rundstricknadel aus den rückwärtigen Querfäden der Luftmaschenkette 108 (113/118) Maschen herausstricken, 4 Reihen glatt rechts stricken, dann beginnend mit Reihe 1 in der Muster- und Farbfolge nach Strickschrift wie beim Rückenteil arbeiten, jedoch für den Halsausschnitt nach der 5. Halsausschnitt-Zunahme am Ende derselben Reihe noch weitere 14 (13/12) Maschen dazu anschlagen und weiter wie das Rückenteil stricken. Die **linke Vorderteilhälfte** entsprechend gegengleich arbeiten. ▶

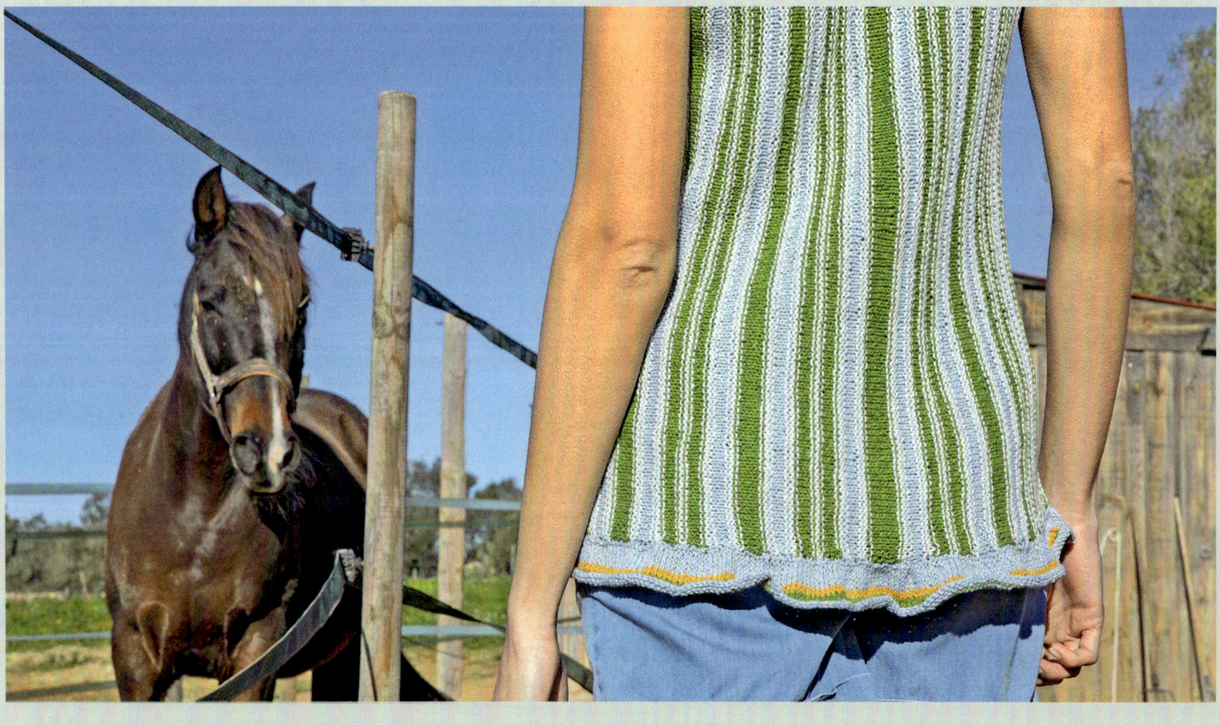

MUSTER

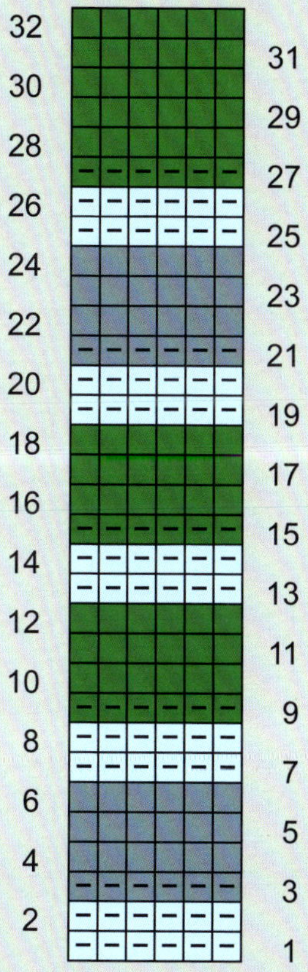

ZEICHENERKLÄRUNG:

☐ = 1 Masche rechts, in Rückreihen links

⊟ = 1 Masche links, in Rückreihen rechts

FARBSCHLÜSSEL

■ = in Laubgrün

■ = in Eisgrau

☐ = in Hellblau

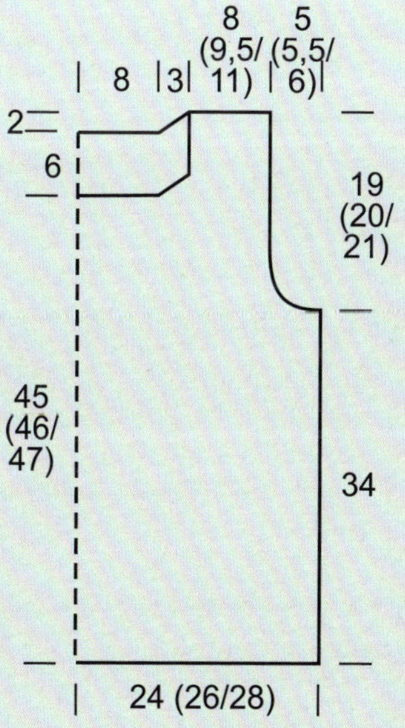

AUSARBEITUNG

Die Schulternähte schließen. Mit einer Rundstricknadel aus dem Halsausschnitt 107 Maschen in Laubgrün aufnehmen und 1 Runde links stricken, danach in Eisgrau 6 Runden rechts und 1 Runde links stricken. Anschließend die Maschen rechts abketten.

Die Seitennähte schließen. Aus den Armausschnitten 87 (91/95) Maschen in Laubgrün aufnehmen, zur Runde schließen, 1 Runde links, in Eisgrau 6 Runden rechts und noch 1 Runde links stricken. Dann alle Maschen abketten.

Aus dem unteren Rand 216 (236/256) Maschen in Hellblau aufnehmen, zur Runde schließen und 1 Runde links stricken. In der folgenden Runde rechts stricken und nach jeder 2. Masche 1 Masche rechts verschränkt aus dem Querfaden herausstricken = 323 (353/383) Maschen. 4 weitere Runden rechts stricken, dann je 2 Runden in Goldgelb, Laubgrün und Hellblau stricken. In der folgenden Runde alle Maschen rechts abketten.

Gut zu wissen ...

DER MASCHENSTICH

Im Maschenstich lassen sich 2 Reihen offener Maschen so miteinander verbinden, dass sich die Naht als weitere rechte Maschenreihe ins Gestrickte einfügen. Eine solche Naht ist optisch kaum noch zu erkennen und bietet den Vorteil, dass keine überstehenden Nahtenden auf der Innenseite liegen.

Auf beiden Nadeln benötigt man dazu die gleiche Anzahl an Maschen. Gearbeitet wird mit einer stumpfen Wollnadel und einem Faden des Strickgarns, der etwa 3x so lang ist wie die zu schließende Länge.
Die zu verbindenden Teile können sowohl auf 2 parallel gehaltenen Stricknadeln als auch flach auf dem Tisch liegend verbunden werden. Die Nadelspitzen zeigen beide nach rechts. Nach und nach werden die offenen Maschen von den beiden Stricknadeln in Strickrichtung von rechts nach links verbunden.

Beginn: Von hinten nach vorne in die untere Randm einstechen, dann von hinten nach vorne in die obere Randm einstechen und den Faden bis auf ein letztes Fadenende zum Vernähen durchziehen. Abb 1.

*** In der unteren Reihe von vorne nach hinten in die Masche einstechen, die zuvor bereits einmal abgenäht wurde, von hinten nach vorne in die nächste Masche einstechen und den Faden durchziehen. Dasselbe in der oberen Reihe wiederholen: von vorne nach hinten in die Masche einstechen, die zuvor bereits einmal abgenäht wurde, von hinten nach vorne in die nächste Masche einstechen und den Faden durchziehen. Abb 2.

Die Arbeitsschritte ab *** fortlaufend wiederholen, dabei den Faden stets so fest an ziehen, dass er sich genau ins Maschenbild einfügt. Abb 3. Auf diese Weise alle Maschen miteinander verbinden.

Schluss: Noch einmal von vorne nach hinten in die untere Randm einstechen, dann von vorne nach hinten in die obere Randm, den Faden durchziehen und beide Fadenenden vernähen.

Abb. 1

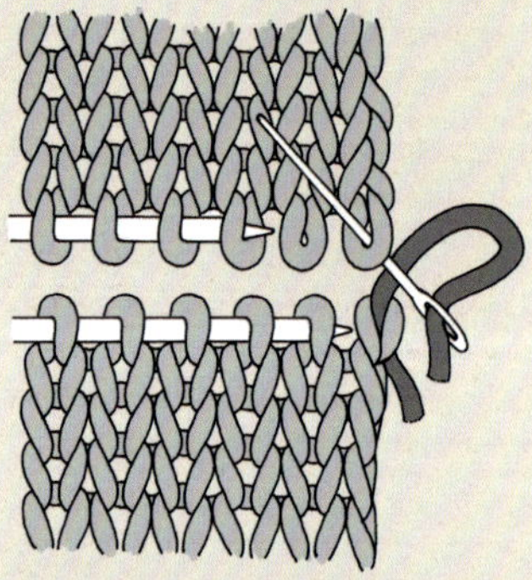

Abb. 2

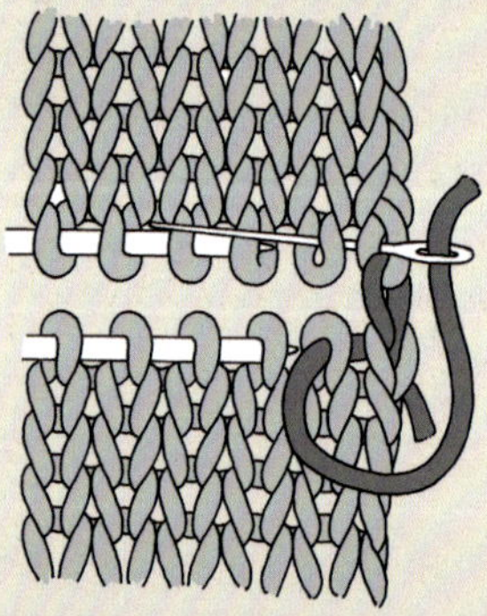

Abb. 3

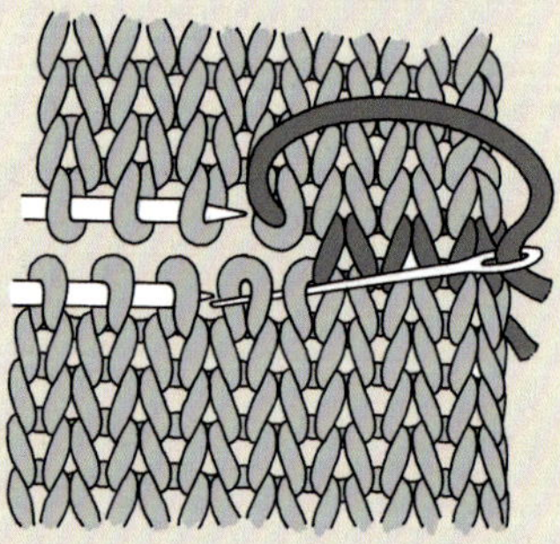

RECHTS UND LINKS

Rechte Seite eines Strickstücks:
die Außenseite des Strickstücks, die Seite, auf der das Muster zur Geltung kommt. Die linke Seite ist dementsprechend die Rückseite des Strickstücks.

Das rechte Vorderteil, der linke Ärmel, die rechte Halsausschnittseite:
werden immer aus Sicht dessen bezeichnet, der das Kleidungsstück trägt.

Der rechte Strickrand:
wird aus der Sicht der Strickenden benannt, die dabei die rechte bzw. die Vorderseite des Strickstücks vor Augen hat. Der rechte Strickrand eines Rückenteils bedeckt also später die hintere rechte Schulter, der rechte Strickrand eines Vorderteils die vordere linke Schulter dessen, der den Pullover später trägt.

Abnahmen für Armausschnitte oder Schulterschrägen:
werden immer an den beiden äußeren Strickrändern gearbeitet. Wenn dann für einen Halsausschnitt rechte und linke Seite getrennt fertiggestellt werden, werden die Abnahmen für den Halsausschnitt am neuen Strickrand in der Mitte gearbeitet. Rechte und linke Halsausschnittseite werden dabei wieder aus der Sicht dessen bezeichnet, der das Kleidungsstück später trägt.

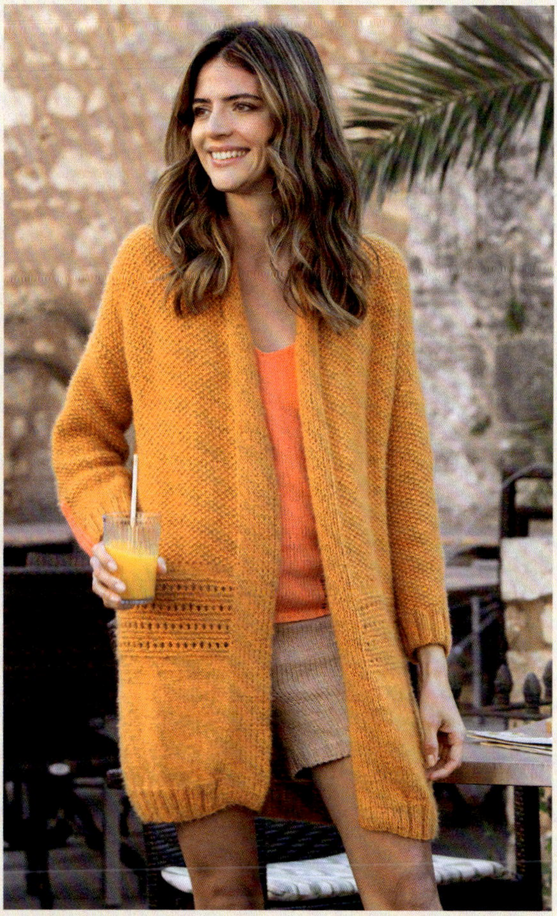

ABKÜRZUNGEN

MM = Maschenmarkierer
Randm = Randmasche

GRÖSSENANGABEN

Die Angaben für die kleinste Größe stehen vor den Klammern, die für die größere Größe in den Klammern. Folgen noch 2 größere Größen, stehen diese aufsteigend und von einem / getrennt in den Klammern. Wird nur eine Angabe gemacht, gilt diese für alle Größen.

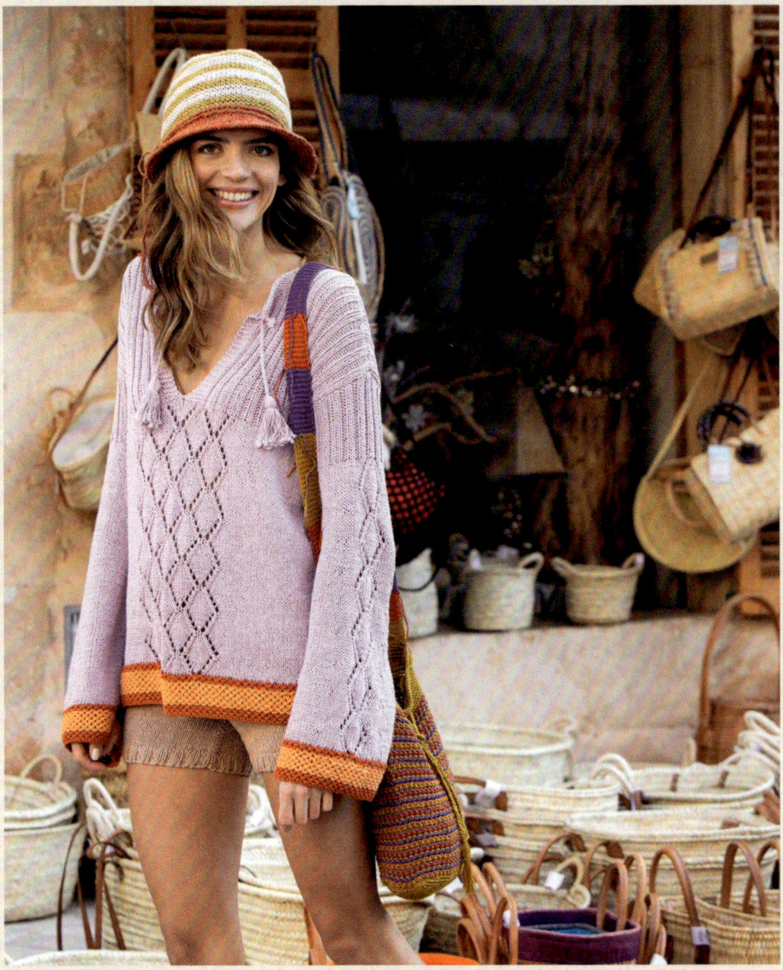

Danke!

Mein herzlicher Dank geht an alle Strickerinnen, die mir so tatkräftig, freudig und zuverlässig geholfen haben, dieses Projekt realisieren zu können: Bettina Clasen-Fensch, Christine Dietz, Antje Gref, Ingrid Meyer. Bedanken möchte ich mich auch von Herzen für die Unterstützung der Garnfirmen, die mir wunderbaren Qualitätsgarne großzügig zur Verfügung gestellt haben: GGH, Lana Grossa, Lang Yarns.

Ohne Ihrer aller Unterstützung wäre jedes Design nur halb so schön.

Ein großes Dankeschön an Stephanie van der Linden für die engagierte Projektleitung, für die sorgfältige Überprüfung und Korrektur der Texte und der Anleitungen sowie für die vielen unterstützenden Hinweise und Ideen in jeder Hinsicht, an Ina Mielkau für das stimmige und kreative Layout und an Helgrid van Impelen, die mir als Programmleiterin dieses Buchprojekt anvertraut hat. Die schöne, positive und konstruktive Zusammenarbeit aller trotz kleinerer und größerer Hindernisse hat diesem Projekt, wie ich finde, die Tiefe und den Charme verliehen.

Was wäre das Buch ohne die schönen, atmosphärischen Fotos, dafür möchte ich mich ganz herzlich bei Nina Kuhn für das Shooting bedanken sowie bei dem Model Viki, die mit ihrem Lächeln herrlich sonnige Sommer-Laune versprüht.

Ebenfalls erhältlich ...

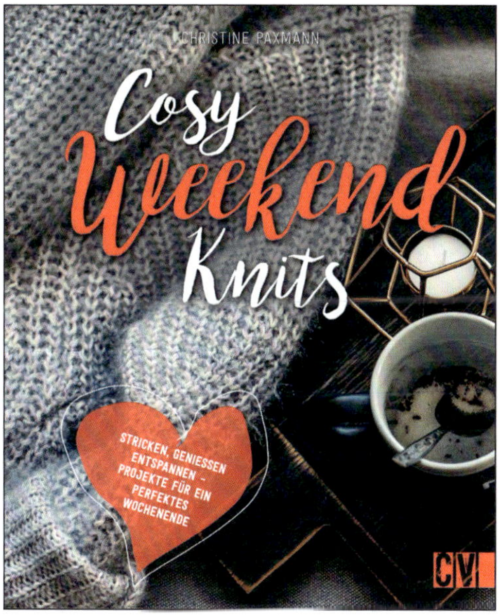

ISBN 978-3-8410-6666-4

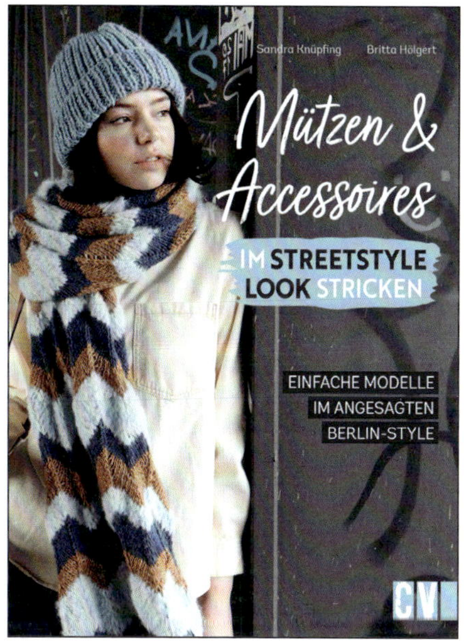

ISBN 978-3-8410-6664-0

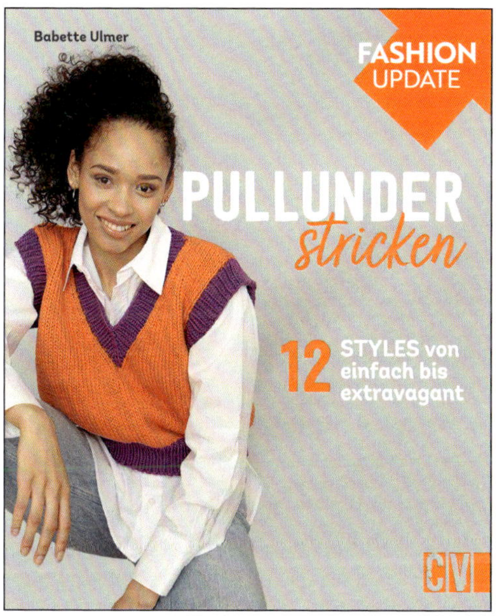

ISBN 978-3-8410-6656-5

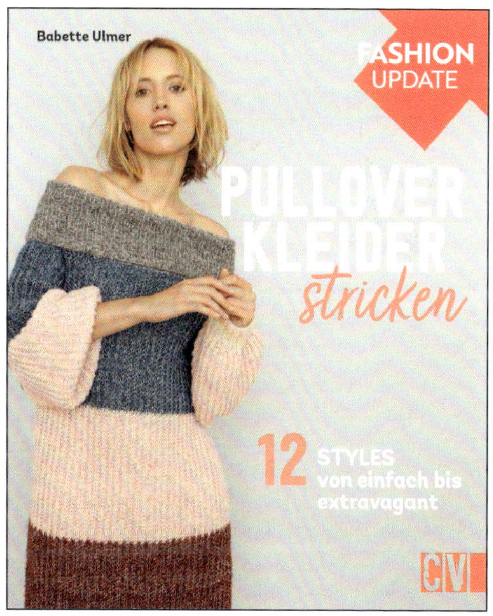

ISBN 978-3-8410-6657-2

www.christophorus-verlag.de

Impressum

Autorin: Claudia Laermann
Illustrationen Seite 5: Claudia Laermann
Fotos: Nina Kuhn
Redaktion: Helgrid van Impelen
Projektmanagement & Lektorat:
Stephanie van der Linden
Korrektorat: Anna Maier
Umschlaggestaltung: Helen Garner
Layout und Satz: Ina Mielkau
Repro: LUDWIG:media
Herstellung: Kathleen Baumann
Printed in Slovakia by Neografia

★★★★★

Sind Sie mit diesem Titel zufrieden? Dann würden wir uns über Ihre Weiterempfehlung freuen. Erzählen Sie es im Freundeskreis, berichten Sie Ihrem Buchhändler oder bewerten Sie beim Onlinekauf.
Und wenn Sie Kritik, Korrekturen oder Aktualisierungen haben, freuen wir uns über Ihre Nachricht an Christophorus Verlag, Postfach 40 02 09, 80702 München oder per E-Mail an lektorat@verlagshaus.de.

Unser komplettes Programm finden Sie unter

www.christophorus-verlag.de

Alle gezeigten Modelle, Illustrationen und Fotos sind urheberrechtlich geschützt. Eine gewerbliche Nutzung ist untersagt. Dies gilt auch für eine Vervielfältigung bzw. Verbreitung über elektronische Medien. Autorin und Verlag haben alle Angaben und Anleitungen mit größtmöglicher Sorgfalt zusammengestellt. Dennoch kann bei Fehlern keinerlei Haftung für direkte oder indirekte Folgen übernommen werden. Materialien und Projekte können von den jeweiligen Originalen abweichen.
Die bildliche Darstellung ist unverbindlich. Sollte dieses Werk Links auf Webseiten Dritter enthalten, so machen wir uns die Inhalte nicht zu eigen und übernehmen für die Inhalte keine Haftung.
In diesem Buch wird aus Gründen der besseren Lesbarkeit das generische Maskulinum verwendet. Weibliche und anderweitige Geschlechteridentitäten werden dabei ausdrücklich mitgemeint, soweit es für die Aussage erforderlich ist.

Herstellernachweis: Dieses Buch wurde freundlicherweise unterstützt durch Materialien von: Rayher Hobby GmbH, www.rayher.com

Die Deutsche Nationalbibliothek verzeichnet diese Publikation in der Deutschen Nationalbibliografie; detaillierte bibliografische Daten sind im Internet über http://dnb.de abrufbar.

© 2022 Christophorus Verlag in der Christian Verlag GmbH, Infanteriestraße 11a, 80797 München

Alle Rechte vorbehalten.

ISBN 978-3-8410-6709-8

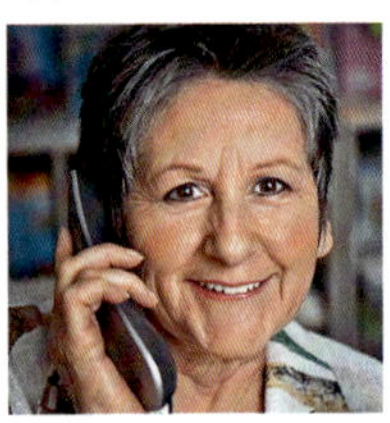

Kreativ-Service

Sie haben Fragen zu den Büchern und Materialien? Frau Erika Noll ist für Sie da und berät Sie rund um alle Kreativthemen. Rufen Sie an! Wir interessieren uns auch für Ihre eigenen Ideen und Anregungen. Sie erreichen Frau Noll per E-Mail: **kreativ-service@c-verlag.de** oder **Tel.: + 49 (0)89 - 1306 99 - 577.**

Besuchen Sie uns im Internet: **www.christophorus-verlag.de** und **www.selbstgemacht.de**